ARMBANDUHREN

Das neue kompakte Bestimmungsbuch

TISSOT
SWISS MADE
TISSOT
TISSOT

ARMBANDUHREN

Das neue kompakte Bestimmungsbuch

Isabella de Lisle Selby

KÖNEMANN

This book was designed and produced by
Quintet Publishing Ltd.
6 Blundell Street
London N7 9BH

Originaltitel: Identifying Wristwatches

Übersetzung aus dem Englischen:
Kirsten Nutto, für Books & Bagels
Redaktion und Satz der deutschen Ausgabe:
Books & Bagels, Köln – Amsterdam
Druck und Bindung: Sing Cheong
Printing Co. Ltd.
Printed in Hong Kong, China

ISBN 3–8290–1296–9
10 9 8 7 6 5 4 3 2 1

DANKSAGUNG

Mein besonderer Dank gilt Richard Leyens und Tina Baldwin. Außerdem möchte ich der Antique Watch Co., London, dafür danken, daß sie mir Uhren für fotografische Zwecke zur Verfügung stellte, sowie den folgenden Herstellern und Manufakturen für ihre freundliche Unterstützung:
Audemars Piguet • Baume et Mercier • Blancpain • Breitling • Cartier, London-Paris • Dunhill • Girard Perregaux • Gucci • Hamilton • International Watch Company • Omega • Piaget • Rado • Raymond Weil • Rolex • Rotary • Swatch • Tag-Heuer • Tissot • Vacheron et Constantin • Zenith

Inhalt

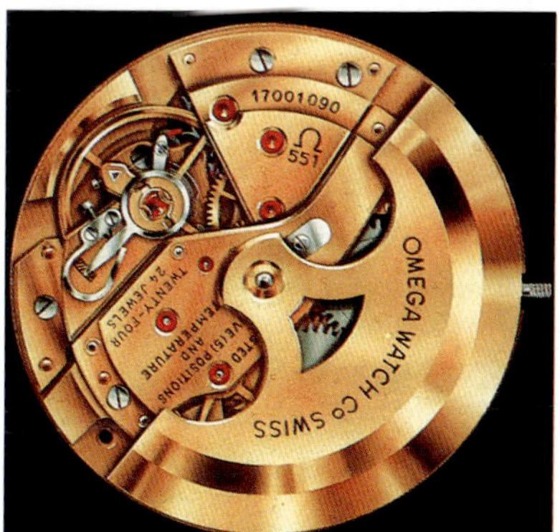

Einleitung

Schon immer war der Mensch von der Zeit und ihrem Schwinden fasziniert, und so war es buchstäblich auch nur eine »Frage der Zeit«, wann der Mensch diesem Phänomen mit dem ihm eigenen Geschick zu Leibe rücken würde. Lange bevor Uhrenfabriken entstanden, gab es in der Schweiz, in Frankreich und Deutschland bereits eine Art Heimindustrie. Arme Bauern, denen der unfruchtbare Boden im Sommer nicht genug zum Leben einbrachte, stellten in langen Wintern Uhren von Hand her. Das waren die Vorläufer der heutigen Armbanduhren.

Angeblich besaß bereits Marie Antoinette im 18. Jh. einen tragbaren Zeitmesser, doch die erste echte Armbanduhr wurde erst ein Jahrhundert später erfunden. Allgemein schreibt man diese Leistung Patek Phillipe zu, der im Jahr 1868 die erste Armbanduhr hergestellt haben soll; es heißt jedoch auch, daß die Anregung dazu von dem Brasilianer Alberto Santos-Dumont stammte, der sich bei seinem Freund, dem Uhrmacher Louis-François Cartier, beklagt hatte, wie unpraktisch es sei, die Uhr aus der Tasche zu ziehen, wenn er am Steuer seiner Flugmaschine saß. Als Santos-Dumont 1907 seinen Rekordflug über 218 Meter absolvierte, trug er die erste Cartier Santos-Dumont.

Dieses Buch soll nicht als Anleitung zum Sammeln dienen, sondern vielmehr beratend zur Seite stehen, indem es die Vielfalt der Uhren auf dem Markt aufzeigt. Eine Sammlung kann nach den unterschiedlichsten Kriterien angelegt werden (so etwa nach Herstellungsdatum, verwendeten Materialien, Funktion der Uhr oder nach Themen wie Armbanduhren für das Militär).

Die folgenden Seiten geben Ihnen Entscheidungshilfen, wie Sie Ihre Sammlung anlegen und erweitern können. Einige Uhren haben ihren festen Platz in der Geschichte, andere wiederum werden mit sportlichen Ereignissen in Verbindung gebracht. Dieses Buch wird Sie durch den »Sammler-Irrgarten« führen und dafür sorgen, daß Sie sich nicht verirren bzw. »Fallen« früh genug erkennen. Doch egal, welche Motivation Ihrer Sammelleidenschaft zugrundeliegt – Sie sollten mit Stücken beginnen, die Ihnen gefallen und Ihr Interesse wecken. Wer eine Uhr nur aufgrund Ihres Preises oder angenommenen Seltenheitswertes ersteht, könnte es vielleicht bald bereuen.

In großen wie in kleinen Städten gibt es Schmuckgeschäfte, in denen gebrauchte und neue Armbanduhren verkauft werden. Zögern Sie nicht zu fragen, ob neben den ausgestellten Stücken andere vorhanden sind – so mancher Schatz wurde aus staubigen Schachteln geborgen.

Eine weitere Möglichkeit, sich sammelwürdige Objekte anzusehen bzw. zu erstehen, bietet ein Auktionshaus. Die zur Versteigerung ausgeschriebenen Objekte können schon vorab besichtigt werden, und auch die Kataloge von Auktionshäusern sind wertvolle Informationsquellen. Bei Auktionen ist auch immer geschultes Personal anwesend, das Ihnen sicherlich gerne helfen wird.

Damit man beim Kauf nicht auf die Nase fällt und seine Sammlung mit geeigneten Stücken erweitern kann, benötigt man Informationen – schließlich lernt man beim Sammeln ständig hinzu. In der einen oder anderen Form gibt es in den meisten größeren Städten

OBEN: EINE SCHWEIZER UHRENPRODUKTION HOCH OBEN IN DEN BERGEN IN DEN 20ER JAHREN. DIE ARBEITERINNEN WAREN OFFENSICHTLICH ALLE ZIEMLICH JUNG UND WURDEN VON EINER STRENGEN AUFSICHTSPERSON ÜBERWACHT.

Museen mit Uhrensammlungen, und sowohl öffentliche Museen als auch private Sammler sind gute Informationsquellen.

Viele Uhrenhersteller haben ihre eigene, oft private Sammlung, die man häufig nach Vereinbarung besichtigen kann. Dem Firmensitz von Longines in St. Imier in der Schweiz beispielsweise ist ein eigenes Privatmuseum angeschlossen, in dem einige Stücke von historischer Bedeutung aufbewahrt werden. Der Besuch von privaten und öffentlichen Sammlungen kann dabei behilflich sein zu entscheiden, nach welchen Kriterien Sie Ihre Sammlung anlegen bzw. erweitern möchten. Auf Seite 77 finden Sie einige Adressen, die Ihnen weiterhelfen können.

Eine Armbanduhren-Sammlung hat anderen Sammlungen gegenüber einen großen Vorteil: Man kann seine Sammelobjekte jeden Tag tragen und die Uhr passend zu Stimmung, Kleidung oder Gelegenheit auswählen. Lesen Sie einschlägige Literatur, halten Sie die Augen offen, besuchen Sie Museen und Verkaufsveranstaltungen, und stöbern Sie in den Geschäften – Sie werden sehen, daß sich Ihre Fachkenntnisse schon bald erweitern.

Wieso tickt eine Armbanduhr?

Heute sind hauptsächlich Armbanduhren mit drei verschiedenen Aufzugsmechanismen auf dem Markt: Uhren mit Handaufzug, selbsttätigem Aufzug oder Quarzuhren. Bei Uhren mit Hand- und selbsttätigem Aufzug spricht man von mechanischen Uhren. Der Unterschied ist wichtig: Eine Uhr mit Handaufzug läuft nicht, wenn sie geschüttelt wird, die meisten guten Automatikuhren aber gehen auch, wenn man sie aufzieht.

wood. Er hatte 1917 in London mit Experimenten begonnen, und 1923 ließ er sich sein verbessertes Rotorprinzip in der Schweiz patentieren. Die von ihm perfektionierte Armbanduhr war – selbst an heutigen Standards gemessen – ungewöhnlich: Sie konnte nur gestellt werden, indem man die Lünette (der Metallrahmen, in dem das Uhrglas sitzt) drehte, und das Uhrwerk wurde durch jede Armbewegung aufgezogen.

Mechanische Uhren

Die Armbanduhr mit Handaufzug ist der direkte Nachfahre der Taschenuhr mit Schlüsselaufzug, die mit einem Schlüssel oder einer Krone mit Stift aufgezogen wurde.

Automatikuhren haben eine lange Geschichte: Der selbsttätige Aufzug nach dem Rotorprinzip wurde 1770 von Perrelet erfunden, 1780 entwickelte Breguet das »Pedometer« (Schwungmasse am Hebelarm). Die erste »echte« Automatik-Armbanduhr war das Werk eines Engländers, John Har-

Oben: Eine Anzeige von 1929 für eine bemerkenswerte englische Erfindung – eine Armbanduhr, die sich durch Bewegung selbst aufzieht.

Elektronische Uhren

Das Aufkommen von Minibatterien, die für Hörhilfen entwickelt worden waren, veranlaßte 1950 die französische Firma LIP, sich mit einem amerikanischen Hersteller zusammenzuschließen. Als Ergebnis kamen 1957 die ersten elektronischen Armbanduhren auf den Markt. Sie waren groß, häßlich und nicht sonderlich beliebt – mit einer bemerkenswerten Ausnahme: der *Accutron* von Bulova. Von einem schweizer Ingenieur entwickelt und auf 99,9977 Prozent genau, wurde sie als erste Armbanduhr mit Präzisionsgarantie verkauft.

OBEN: AUTOMATIK-GEHWERK VON ZENITH. DIE MIT DEM NAMEN DES HERSTELLERS VERSEHENE PLATTE IST DER ROTOR, DER DIE ANTRIEBSKRAFT FÜR DIE HAUPTFEDER LIEFERT.

DIE ERSTE QUARZ-ARMBANDUHR

Quarz-Uhren gab es bereits einige Zeit vor den ersten Quarz-Armbanduhren. 1960 konnten Elektronikingenieure in der Schweiz und Japan dank der fortschreitenden Miniaturisierung der Teile an der Entwicklung der ersten Quarz-Armbanduhr arbeiten. 1968 stellten beide Länder Prototypen vor. Diese hatten, wie Labortests bewiesen, nur eine minimale Gangabweichung von zwei Sekunden pro Tag. Viele Uhrenhersteller waren nun der Ansicht, eine Zeitanzeige mittels Zifferblatt und Zeiger sei überholt und man bräuchte etwas Neues, das mit der revolutionären Entwicklung der Armbanduhr Schritt halten konnte. So wurden die Flüssigkristallanzeige (LCD) und die elektrische Anzeige mittels Leuchtdioden (LED) eingeführt. Allerdings stellte sich bald heraus, daß diese Anzeigemethoden einige Nachteile hatten. Diesen sowie der Tatsache, daß Uhren mit den neuen Anzeigen konkurrenzlos billig im Fernen Osten hergestellt werden konnten, ist es zu verdanken, daß viele Hersteller wieder zu der bewährten Analoganzeige mittels eines Zifferblattes zurückkehrten. Heute stellen die schweizer Uhrenhäuser Quarz-Uhren mit Zifferblatt her, zu denen einige der schönsten erhältlichen Modelle gehören.

Alle Uhrwerke funktionieren im Grunde nach dem gleichen Prinzip: Ein **Gangregler** erhält Antriebskraft von einer Antriebsquelle und wird dadurch in Schwingungen versetzt. Zum Transport der Kraft benötigt man zudem ein System zur Kraftübertragung. Um schließlich die Zeit anzeigen zu können, werden bei Analoguhren die Schwingungen über einen Schrittschaltmotor auf das Zeigerwerk übertragen oder bei Digitaluhren durch einen integrierten Schaltkreis in LCD-Zeichen umgewandelt.

WEITERE BESTANDTEILE EINER ARMBANDUHR

GLASDECKEL

Für Glasdeckel werden Plexiglas, Kristallglas oder synthetische Saphire verwendet. Letztere haben die gleiche Molekularstruktur wie echte Saphire, werden allerdings künstlich hergestellt. Saphirglas ist sehr teuer und wird deshalb nur für hochwertige Uhren verwendet oder für Uhren, die extreme Belastungen (etwa beim Sport) aushalten müssen. Ältere Sportuhren haben meistens einen Deckel aus Plexiglas, da es erst seit kurzem möglich ist, Saphirglas mit planer Oberfläche herzustellen. Gewölbte Oberflächen sind für die meisten Sportuhren ungeeignet. Quarzkristall, das der Stärke nach zwischen Plexiglas und Saphirglas liegt, wird für »Alltags«-Armbanduhren verwendet.

MATERIALIEN

Selbst wenn man die Edelsteine außer Acht läßt, mit denen Uhrengehäuse und Armbänder oft geschmückt sind, ist die Liste der Materialien, die in der Armbanduhrenindustrie verarbeitet werden, beachtlich lang und vielfältig. Gold – ein höchst vielseitiges Metall – war schon immer beliebt und wird heute sowohl für stabile, strapazierfähige Sportuhren als auch für winzige, elegante Schmuckuhren verwendet.

WAS WIE GOLD AUSSIEHT ...

Walzgold wurde vorwiegend vor 1960 verwendet, da die Vergoldungstechnik noch nicht ausgereift genug war, um problemlos angewandt zu werden. Es ist nicht immer ganz einfach, eine mit Walzgold überzogene von einer vergoldeten Oberfläche zu unterscheiden. Vergoldetes Metall nimmt meist einen etwas »härteren« Glanz an, wenn es poliert wird.

Auch Silber wird bei der Herstellung von Armbanduhren verwendet, aber nicht annähernd so oft wie rostfreier Edelstahl. Letzterer ist am häufigsten bei Sportuhren zu finden, manchmal mit Gold oder einer Goldplattierung kombiniert. Rostfreier Edelstahl ist nahezu unverwüstlich, und daraus hergestellte Armbanduhren lassen nahezu keine Abnutzungserscheinungen erkennen.

Gelegentlich werden für Uhren auch Steine, Muscheln und Holz oder künstliche Materialien wie Keramik, Wolfram-Karbid, Strontium-Titanit, Fiberglas und Plastik verwendet.

ARMBÄNDER

Bei einer Armbanduhr wird das Armband in das Design mit einbezogen. Die frühen Uhren hatten meist ein Lederarmband mit Verlängerung, so daß die Uhr auch über Sportkleidung getragen werden konnte, doch schon bald folgten Metallarmbänder, da diese länger hielten oder modischer waren.

UHRWERKE

	Mechanische Werke	Quarzwerke
Gangregler	Hemmungsrad	Quarzkristall
Antriebskraft	Zugfeder	Batterie
Übertragung	Räderwerk und Hemmung	Integrierter Schaltkreis
Zeitanzeige	Zeigerräderwerk	1. Bei Analoguhren bewegt der Schrittmotor die Zeiger auf dem Zifferblatt. 2. Bei Digitaluhren werden die Schwingungen durch einen integrierten Schaltkreis in Zeichen für eine LCD- oder LED-Anzeige umgewandelt.

OBEN: VORDER- UND RÜCKANSICHT EINES MECHANISCHEN CHRONOMETERS VON VACHERON CONSTANTIN. DIE KLEINE NADEL IN DER 12-UHR-POSITION AUF DER RÜCKSEITE IST DER REGULATOR UND ERLAUBT DIE FEINEINSTELLUNG DES UHRWERKS.

Ein Metallarmband besteht immer aus dem gleichen Material wie das Uhrengehäuse und trägt den Stempel des Herstellers, also dessen Namen oder Logo. Sehen Sie bei einem Lederarmband auf der Schließe nach: Wenn es sich um das Originalarmband handelt, finden Sie dort eine Gravur, nach der sich der Hersteller bestimmen läßt.

Wer eine gebrauchte Armbanduhr kauft, sollte sich unbedingt das Armband genau ansehen, vor allem aus Sicherheitsgründen (siehe Seite 71). Ist das Armband kaputt und nicht mehr zu reparieren bzw. keines vorhanden, dann versuchen Sie es durch eines zu ersetzen, das dem ursprünglichen so nahe wie möglich kommt. In manchen Fällen kann Ihnen der Hersteller die nötigen Informationen liefern.

WASSERDICHTE

Sowohl Gehäuserückseite wie Deckel müssen fest verankert sein, damit eine Uhr wasserdicht bleibt. Wasserdichte Armbanduhren werden seit 1927 hergestellt. Die Hersteller bemühen sich ständig, die Uhrengehäuse so weiterzuentwickeln, daß sie immer höherem Wasserdruck standhalten können.

ANTIMAGNETISMUS

Neben Feuchtigkeit ist Magnetismus das zweite große Problem für ein Uhrwerk. In unserer Umwelt wimmelt es von elektrischen Geräten, deren starkes Magnetfeld alle Uhrwerkteile nachteilig beeinflussen kann, die aus ferromagnetischen Substanzen wie Eisen, Nickel oder Kobalt bestehen. Die Teile, die für die Ganggenauigkeit einer Armbanduhr verantwortlich sind, sind normalerweise auch die empfindlichsten.

Die International Watch Company in Schaffhausen hat sich bei der Antimagnetismus-Forschung besonders hervorgetan. Ihr Musterstück ist die hochantimagnetische *Ingenieur,* der selbst ein starkes Magnetfeld nichts anhaben kann, und die es wert ist, in eine Sammlung aufgenommen zu werden.

Interessante und komplizierte Gehwerke

Die wichtigste Funktion einer Armbanduhr ist sicherlich, die Zeit anzuzeigen. Doch auch andere Funktionen lassen eine Armbanduhr in den Augen eines Sammlers reizvoll werden. Ob Quarz- oder Automatik-Armbanduhr – ein kompliziertes Uhrwerk trägt mit Sicherheit zum Wert einer Armbanduhr bei und bietet zudem noch optische Reize.

Das Hauptaugenmerk eines Sammlers gilt wohl in erster Linie dem Aussehen der Uhr sowie dem Arbeitsaufwand bei der Herstellung. Sorgfältig gearbeitete Uhren müssen nicht unbedingt teuer sein. Wer Zeit investiert, kann sehr interessante Stücke zu erschwinglichen Preisen entdecken. Dieses Kapitel soll Ihnen helfen, solche Exemplare zu erkennen.

Haben Sie eine Armbanduhr mit kompliziertem Uhrwerk gekauft, gehen Sie sorgsam mit ihr um, vor allem, wenn keine Gebrauchsanweisung mehr vorliegt. Versuchen Sie nicht, sie ohne Spezialkenntnisse selbst zu stellen oder die verschiedenen Anzeigen zu verändern. Suchen Sie lieber einen Fachmann auf. Auch wenn ein Armbanduhr-Mechanismus kompliziert aussehen mag, ist er dies in Wirklichkeit nur selten, und sobald Sie einmal das nötige Grundwissen besitzen, werden Sie merken, daß es nur wenige Variationen gibt.

WELTZEITUHREN

Auf privaten oder geschäftlichen Reisen ist eine Armbanduhr, auf der verschiedene Zeitzonen abgelesen werden können, durchaus sinnvoll. Das Prinzip des Zeitzonenmechanismus ist einfach: Auf einer drehbaren Scheibe steht der Name einer größeren Stadt aus jeder der vierundzwanzig Zeitzonen, und ein zweites Zeigerpaar bzw. Zifferblatt zeigt die Zeit in der gewählten Zone an. Armbanduhren, die in der Lage sind, die Uhrzeit in zwei verschiedenen Zeitzonen anzuzeigen, gibt es schon lange, und manche können sogar zwei verschiedene Datumsanzeigen parallel führen.

OBEN: Eine Weltzeituhr von Patek Philippe.

GANGRESERVE

Manche Armbanduhren besitzen eine *réserve de marche* oder Gangreserve, gelegentlich auch gepaart mit anderen Funktionen wie einer Weltzeitanzeige. Die Gangreserve zeigt an, wieviel Laufzeit das Uhrwerk noch hat, bevor es wieder aufgezogen werden muß.

MINUTENREPETITION

Die Minutenrepetition ist eine akustische Uhrzeitanzeige, die Anfang des 20. Jahrhunderts erstmals in Armbanduhren eingebaut wurde. Sie wird mittels Knopfdruck eingestellt, so daß Stunden, Viertelstunden oder Minuten gemeldet werden. Warum dieser Mechanismus erfunden wurde, ist nachvollziehbar: Bevor es Leuchtfarbe gab, war es nicht möglich, im Dunkeln die Zeit abzulesen, also mußte man eine andere Anzeigemethode finden – eben die Minutenrepetition. Zu den Pionieren in diesem Bereich gehörte Audemars Piguet, der angeblich das kleinste Schlagwerk der Welt gebaut hat. Audemars Piguets Minutenrepetition ist auch insofern auffallend, als sie eine ungewöhnliche, rechteckige Form hat, die zweifellos zum Sammelwert der Uhr beiträgt.

ARMBANDUHREN MIT WECKWERK

Als eine der berühmtesten Armbanduhren mit Weckeinrichtung gilt die *Grand Reveil* von Jaeger-LeCoultre. Hochinteressant ist die Legierung für den Weckergong. Sie läßt sich bis zur chinesischen Bronzezeit zurückdatieren und ist für ihren reinen Ton bekannt. Der Gong ist nicht in das Uhrwerk integriert, so daß sich seine Vibrationen nicht übertragen. Ein weiteres berühmtes Produkt von Jaeger-LeCoultre

OBEN: FÜNF FRÜHE MEMOVOX VON JAEGER-LECOULTRE, 1950. DIESE HIER WURDE AUS ROTGOLD GEFERTIGT UND BESITZT EINEN WECKMECHANISMUS.

war die *Memovox* aus den 50ern, die erste Automatik-Armbanduhr mit Weckfunktion.

Eine weitere moderne Automatik-Armbanduhr mit Weckfunktion, nach der es sich lohnt Ausschau zu halten – da mechanische Arm-

DIE GROSSEN HERSTELLER

Audemars Piguet • Baume & Mercier • Blancpain • Breguet • Breitling • Cartier • Chopard • Corum • Dunhill • Ebel • Georg Jensen • Gérald Genta • Girard-Perregaux • Ingersoll • International Watch Company • Jaeger-LeCoultre • Longines • Movado • Omega • Patek Philippe • Piaget • Raymond Weil • Rolex • Rotary • Tissot • Ulysse Nardin • Vacheron Constantin

OBEN: Taschenuhr mit Lederarmband: aussergewöhnliche Mondphasen-Uhr von der International Watch Company. Die Sekundenanzeige befindet sich auf Höhe der Neun, die Mondphasenanzeige auf Höhe der Drei.

banduhren mit Weckvorrichtung Seltenheitswert besitzen – wird von Maurice Lacroix hergestellt.

UHREN MIT MONDPHASEN-ANZEIGE

Eine Mondphasen-Anzeige kann ein schlichtes Zifferblatt in etwas Besonderes verwandeln. Manche Uhren besitzen nur einen einfachen Mechanismus, der mit einem Zeiger verbunden ist, der den Mond dreht und von Hand eingestellt werden muß. In anderen Anzeigen werden zudem noch der Mondmonat berücksichtigt und die 29,5 Tage mit den verschiedenen Mondphasen angezeigt.

OBEN: El Primero. Mondphasen-Chronograph von Zenith mit einem Gehäuse aus 18-karätigem Gold; Teil einer neuen, limitierten Edition.

OBEN: Moderner Quarz-Chronograph von Dunhill mit einem Kalendermechanismus.

KALENDERUHREN

Eine Kalenderuhr zeigt oft nicht nur das Datum, sondern Tag, Datum, Monat und eventuell die Mondphase an. Ein Quarz-Kalenderwerk ist normalerweise so programmiert, daß die unterschiedlichen Längen der Monate automatisch berücksichtigt und ausgeglichen werden. Bei einer Automatikuhr ist dies nicht möglich, es sei denn, sie verfügt über einen selbsttätigen Aufzug. Es ist wichtig, daß die Anzeigen für Tag/Datum/Monat synchronisiert sind, da sie sonst falsche Angaben machen. Drei Anzeige-Arten sind möglich: Zifferblatt, Fenster oder eine Kombination aus beidem.

Die ersten ewigen Kalender tauchten vermutlich gegen 1853 auf. Der Ewige-Kalender-Mechanismus setzt da an, wo ein normaler Kalender-Mechanismus aufhört: Dank eines komplizierten Systems aus Rädchen, Sternen und Lagern, das meist mit der Monat-Anzeige verbunden ist, benötigt ein solcher Mechanismus in Schaltjahren keine Korrektur.

QUANTIÈME PERPÉTUEL

Quantième perpétuel ist eine Funktion, die meist mit einer Kalender- oder einer Ewiger-Kalender-Funktion verknüpft ist. Sie bedeutet, daß die Uhr in der Lage ist, sich selbsttätig auf die unterschiedlichen Längen der Monate einzustellen. Diese Funktion gibt es nur bei mechanischen Armbanduhren.

EWIGER KALENDER

Die Anzeige eines ewigen Kalenders erfolgt meist über ein in das Zifferblatt eingeschnittenes »Fenster«.

GRANDE COMPLICATION

Die *Grande Complication* ist eine Uhr mit vielen zusätzlichen Funktionen, den sogenannten Komplikationen, wie Minutenrepetition, Chronograph und ewigem Kalender. Eine solche Uhr ist bereits ein Sammlerstück, bevor sie das Zeichenbrett verläßt.

Selbst wenn für das Gehäuse die wertvollsten Materialien verwendet werden, ist bei einer solchen Uhr das Uhrwerk unendlich viel wertvoller.

Grandes Complications tauchten erstmals in der zweiten Hälfte des 19. Jahrhunderts auf; vermutlich stammten sie aus dem Vallée de Joux in der Nähe von Genf, damals wie heute das Zentrum der schweizer Uhrenfabrikation. Die Armbanduhrversion der *Grande Complication* wurde erstmals in den späten 80er Jahren dieses Jahrhunderts hergestellt. Solche Uhren

OBEN: DIE SCHÖNHEIT EINES TOURBILLON-MECHANISMUS, GESEHEN DURCH DIE RÜCKSEITE DIESER JAEGER-LECOULTRE REVERSO.

sind von Sammlern in der ganzen Welt gesucht und für einen Amateursammler nicht leicht aufzuspüren. Blancpain brachte eine *Grande Complication* mit Tourbillon und Chronographenfunktion (mit Stoppuhr) heraus.

DAS TOURBILLON

Das Tourbillon wurde von Abraham-Louis Breguet erfunden, der im Februar 1798 ein Patent darauf anmeldete. Es ist Teil des mechanischen Uhrwerkes, trägt zur Ganggenauigkeit der Uhr bei und ist nur in Armbanduhren von höchster Qualität zu finden.

Die Antriebskraft der Hauptfeder wird durch Unruhfeder und Hemmungsrad gesteuert. Durch die Einwirkung der Schwerkraft beim Tragen der Uhr kann die reibungslose Funktion des Werkes beeinflußt werden. Um dem entgegenzuwirken, kann man Hemmungsrad und Hemmung auf ein Gestell (das Tourbillon, auch »Käfig« genannt) montieren, das sich etwa einmal pro Minute dreht. Damit lassen sich Lagenfehler ausgleichen und die Ganggenauigkeit erhöhen.

Eine Uhr mit einem so ausgeklügelten Mechanismus ist natürlich meist teuer, doch vom Standpunkt eines Sammlers aus betrachtet die Investition wert. Die Schwierigkeiten bei Herstellung und Einbau eines Tourbillon sind so groß, daß nur die großen und renommierten Hersteller wie Blancpain, Jaeger-LeCoultre oder Girard-Perregaux sie überhaupt für ihre Uhren verwenden. Jaeger-LeCoultre beispielsweise hat eine *Reverso* mit einem Tourbillon auf den Markt gebracht. Diese Uhr vereint in sich die Schönheit einer *Reverso* und den meisterhaften Mechanismus eines Tourbillon.

GROSSE AMERIKANISCHE FIRMEN UND IHRE ARMBANDUHREN

BULOVA

Accutron, 1960-76; Excellency-Collection, 20er und 30er Jahre; Doktor-Uhr, ca. 1930; Charles Lindbergh Lone Eagle Watch, 1927

ELGIN

Damenarmbanduhren mit Wendegehäuse, 1912; Soldatenuhren, 1917; Art Deco-Damenarmbanduhren, 1928/29

GRUEN

Doktor-Uhren, 20er-40er Jahre; Curvex General, 1932; The Varsity, 1933

HAMILTON

Armbanduhren mit emaillierter Lünette, 20er Jahre; Seckron Doktor-Uhr, 1936; Electric Model 500, 1957; Everest Electric, 1958; Thin-O-Matic, 1963

ILLINOIS

ab 1905 Produktion von Armbanduhren, 1927 Zusammenschluß mit Hamilton; produzierte Qualitäts-Armbanduhren in außergewöhnlicher Gestalt

INGERSOLL

Die erste Mickey Mouse-Uhr, 1933; Dan Dare- und Jeff Arnold-Uhren, 1960

WALTHAM

Soldatenuhren mit durchbrochenem Schutzdeckel, 1917-19; 20 Year-Gold-Filled 1917; Baguette-Uhren, 1931

Design im Laufe der Jahrzehnte

Longines Damen-Armbanduhr

Datum: *1915*

Materialien:

18-karätiges Weißgold mit Diamanten

Besonderheiten:

Zifferblatt von einer Gravur eingerahmt

Auf die schlichte Eleganz der Edwardianischen Ära folgten die »Roaring Twenties«, die wilden Zwanziger, und der Kubismus. Dessen dynamischer Einfluß wurde auch im Privatleben spürbar und erstreckte sich auf Schmuck und Modeaccessoires, inklusive Uhren. Der Stil sollte den neuen Liberalismus widerspiegeln, die strengen Moralvorstellungen und die Steifheit des vorangegangenen Zeitalters waren vorbei. Der Gedanke, ein nützliches Objekt könne auch gut aussehen, setzte sich in den Köpfen der Leute fest und beeinflußte das Design der Armbanduhren, die täglich getragen wurden. Hübsche Uhren waren nicht länger einigen wenigen Privilegierten vorbehalten, da sie dank der verbesserten Produktionsbedingungen auch erschwinglicher wurden.

Damen-Schmuckarmbanduhr aus Gelbgold

Datum: *1928*

Materialien: *Gelbgold*

Besonderheiten: *Das Uhrwerk ist sehr klein, das Armband schmal und elegant.*

Auch äußere Einflüsse haben beträchtlich zu Veränderungen im Aussehen von Armbanduhren beigetragen. Wer sich eine Weile intensiver mit Armbanduhren beschäftigt hat, wird bald feststellen, daß man ein Stück alleine aufgrund seines Aussehens datieren kann, da die Uhr den Stil ihrer Zeit reflektiert.

Die ersten Armbanduhren waren meist auf die Bedürfnisse von Sportlern und Soldaten abgestimmt und sahen entsprechend »stabil« aus. Sie ähnelten noch sehr einer Taschenuhr, deren direkte Nachfahren sie ja auch waren. Durch die Verbesserung und Perfektionierung neuer Techniken konnten schließlich Uhrwerke für immer kleinere Gehäuse gebaut werden, wie diese elegante Damenuhr beweist.

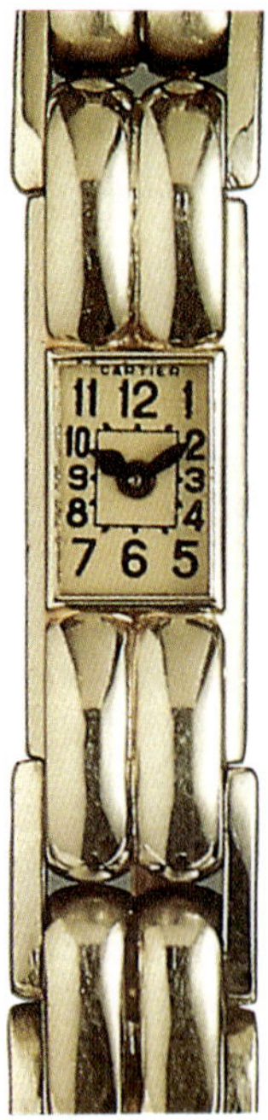

DIE 30ER JAHRE DES 20. JAHRHUNDERTS

In den 30er Jahren wurde in den USA die Prohibition aufgehoben, und die alten Strukturen des vorangegangenen Jahrzehnts lösten sich langsam auf. Das neue Schlagwort in der Kunst lautete nun Surrealismus, und daneben setzte der Breitensport als Bewegung ein. Speziell für Golfer entworfene Uhren wie die *Reverso* von Jaeger-LeCoultre datieren aus den frühen 30ern. Während die Uhren für Männer »maskuliner« wurden, um ihren neuen sportlichen Aktivitäten gerecht zu werden, wurden die Uhren für die Abendgarderobe der Damen immer kleiner und zierlicher und spiegelten die jeweilige Mode wider.

Die Anzeigen aus jener Zeit zeigen deutlich, daß die Hersteller versuchten, eine Uhr auf bestimmte Aktivitäten und Interessen des Trägers abzustimmen – eine für den Sport, eine zum Ausgehen und eine für den täglichen Gebrauch und die Arbeit. Dies ist wahrscheinlich auch der Tatsache zuzuschreiben, daß zu jener Zeit die Fertigungstechniken noch nicht ausgereift genug waren, um eine zierliche, elegante Uhr mit widerstandsfähigem Gehäuse herzustellen, die auch beim Sport nicht kaputtging.

OBEN ANZEIGEN FÜR UHREN AUS DEN 30ERN

Jaeger-LeCoultre Reverso für Damen

DATUM: *1932*
MATERIALIEN: *18-karätiges Gold*
BESONDERHEITEN: *Die ursprünglichen Modelle waren mechanisch.*

Als sich der erste Monsieur LeCoultre im 16. Jahrhundert nach seiner Flucht vor den Katholiken im Vallée de Joux niederließ, konnte er nicht ahnen, daß er der Begründer einer berühmten Dynastie werden sollte. Antoine LeCoultre eröffnete 1833 in einem Ort namens Le Sentier seine eigene Armbanduhrenfabrik, und auch heute noch werden die Uhrwerke von Jaeger-LeCoultre dort von Hand hergestellt. Die erste *Reverso* wurde 1931 herausgebracht und wird auch heute noch gefertigt. Die *Reverso* kombinierte Schönheit und klare Linien mit der nötigen Widerstandsfähigkeit, damit sie auch von Sportlern und Sportlerinnen getragen werden konnte. Eine Besonderheit war das Wendegehäuse, das sich um 180 Grad drehen ließ, so daß Zifferblatt und Glas geschützt waren. Sie gilt nicht zu Unrecht als echter Klassiker unter den Uhren.

Männer-Chronograph aus den 20ern (Longines)

DATUM: *20er Jahre*
BESONDERHEITEN: *Rundes Zifferblatt in einem rechteckigen Gehäuse mit abgerundeten Ecken. Der Chronographenknopf sitzt in der Krone.*

Longines hat viele Serien klassischer Sammleruhren hergestellt. Eine der interessantesten war die Lindbergh-Kollektion (1933) zu Ehren der Atlantiküberquerung Lindberghs in seinem Flugzeug Spirit of St. Louis im Jahre 1927. Der Entwurf der Armbanduhr stammt von Lindbergh selbst. Longines-Uhren sind für ihre Haltbarkeit und Strapazierfähigkeit berühmt, wie auch dieses herrliche Exemplar hier zeigt

Jaeger-LeCoultre Kalenderuhren

Datum: *40er Jahre*

Besonderheiten: *Bei beiden Uhren wird das Datum von einem zusätzlichen Zeiger mit roter Spitze angezeigt.*

Mit seinen klassisch zeitlosen, von Sammlern begehrten Armbanduhren zeichnet Jaeger-LeCoultre bereits für viele Neuentwicklungen im Design von Armbanduhren verantwortlich. 1847 stellte LeCoultre et Cie. die erste Uhr mit Kronenaufzug her, der den Schlüsselaufzug ersetzte (an Stelle des Schlüssels trat eine Krone seitlich am Gehäuse).

Eine Meisterleistung von Jaeger-LeCoultre war die *Atmos*, ein »Beinahe-Perpetuum-Mobile«. Diese einzigartige Uhr wird nur durch ein dünnes Gas angetrieben, es gibt weder Aufzug noch elektrische Impulsgeber. Die Kalenderuhren oben demonstrieren ein weiteres gutdurchdachtes Design, wobei das Ablesen des Datums durch einen zusätzlichen Zeiger erleichtert wird.

Jaeger-LeCoultre Mysterieuse

Datum: *1945*

Materialien: *Weißgold und Diamanten*

Besonderheiten: *Der kleine Diamant dient als Minutenzeiger, der größere als Stundenzeiger.*

Während des 2. Weltkrieges waren die Bemühungen aller Fabrikanten auf die Versorgung der Kampftruppen ausgerichtet, und von Zivilisten wurde erwartet, daß sie sich mit Gebrauchsgütern und Vorkriegsprodukten begnügten. Daher existieren aus dieser Zeit nur wenige Armbanduhren, die nicht für den militärischen Gebrauch gedacht waren. Einige hübsche Schmuckstücke wie diese *Mysterieuse* allerdings gibt es noch. Bemerkenswert ist die kleine Größe dieser Armbanduhr, die erkennen läßt, welche Schwierigkeiten die Hersteller hatten, geeignete hochwertige Materialien zu finden. Einige Uhrenhersteller stellten während der Kriegsjahre ihre Uhrenproduktion ganz ein und belieferten stattdessen verschiedene Regierungsabteilungen mit Feinmechanikteilen. Andere beschränkten ihre Produktion auf praktische und schmucklose Armbanduhren, die meist mit Lederarmbändern versehen waren.

Die Mysterieuse

DATUM: *1948*

BESONDERHEITEN: *Als sich die großen Uhrenhersteller nach und nach von dem durch den 2. Weltkrieg auferlegten, strengen und schmucklosen Design entfernten, setzten sich ungewöhnlichere Designs durch.*

Als der Krieg vorbei war und wieder mehr Material zur Disposition stand, zudem die Arbeiter in Großbritannien wie in den USA nun wesentlich mehr Geld zur Verfügung hatten, nutzten die Designer die Gunst der Stunde, um allen möglichen Gegenständen und Objekten – von Lampen bis Autos – ihren Stempel aufzudrücken. Das Uhrendesign in jenen ersten Jahren nach dem Krieg wurde langsam schwungvoller und gewagter, und da die Manufakturen ihre »Kriegsproduktionen« beendet hatten, war die Bahn frei für ausgefallene Uhren wie die *Mysterieuse* von Jaeger-LeCoultre.

Damenarmbanduhr von Longines

DATUM: *40er Jahre*

MATERIALIEN: *Diamanten und 18-karätiges Weißgold*

BESONDERHEITEN: *Ein elegantes, sich verjüngendes Gehäuse ist mit Diamanten besetzt.*

Diese schöne Schmuckuhr für den Abend ist ein typisches Beispiel für die Bandbreite klassischer Sammlerstücke, die von Longines produziert wurden. Trotz ihres zierlichen Aussehens ist diese Uhr relativ stabil und widerstandsfähig. Longines ging später dazu über, revolutionäre klassische Quarz-Armbanduhren herzustellen, die äußerst genau gingen, mit einer Gangabweichung von nur zwölf Sekunden pro Jahr – selbst für eine Quarzuhr eine bemerkenswerte Leistung.

Cartier-Herrenuhr mit Lederarmband

DATUM: *60er Jahre*

BESONDERHEITEN: *Stilisiertes Zifferblatt*

Wie man am Design dieser Cartier-Uhr erkennen kann, stand bereits die Pop Art vor der Tür, und renommierteste Firmen unternahmen mutige Vorstöße, diese Kunstrichtung in ihr Design zu integrieren. Die meisten Uhren aus den 60ern wirken »robust«; vorbei war es mit den zierlichen Damenuhren vergangener Jahrzehnte, und man neigte zu kräftigen Farben. Mit Vorliebe wurden Türkise, Korallen und Amethyste verwendet.

Cartier-Damenarmbanduhr

DATUM: *70er Jahre*

MATERIALIEN: *Golduhr mit Lederarmband*

BESONDERHEITEN: *Deutlich erkennbar ist der Einfluß des Kubismus aus den frühen 70ern.*

Gegen Ende der 60er und während der 70er Jahre wurden große Fortschritte gemacht, was Stil und Aussehen von Armbanduhren anbelangt. Vermutlich lag dies auch daran, daß die schweizer Uhrenhersteller zunehmend mit billigen Digitalarmbanduhren aus dem Fernen Osten zu kämpfen hatten, mit denen der internationale Markt überflutet wurde. Es war eine Zeit der Kontraste: ein zaghafter Anstieg des Konsums auf der einen, rasch zunehmendes Umweltbewußtsein auf der anderen Seite. Die Einführung von Quarzwerken führte zu einer Revolutionierung der Uhrenbranche; aus der sich in den 70ern und frühen 80ern entwickelnden Jugendkultur entstand nach anfänglicher Verweigerung die Wiederentdeckung der Konsumgüter und schließlich das »Yuppie«-Phänomen. Aus letzterem folgte eine steigende Nachfrage nach Armbanduhren von guter Qualität und modischem Design, wie sie etwa bis heute von Cartier hergestellt werden.

Diastar 48 von Rado

Datum: *1973*

Besonderheiten: *Das erste Quarzmodell der Diastar-Serie zeigt das Faible der Firma für die Verwendung ungewöhnlicher Materialien für ihre Uhrengehäuse.*

In den 70ern brachten Modehäuser und Uhrenhersteller aus eigenem Antrieb neue Kollektionen auf den Markt, um mit den wechselnden Stilrichtungen, die der Laufsteg diktierte, Schritt halten zu können. Die Modehäuser selbst hatten zwar nur wenig Anteil an der Produktion dieser Armbanduhren, achteten jedoch auf strenge Qualitätskontrolle.

Das Auftauchen von Quarz als Material führte auf dem Armbanduhrensektor zu einer

Revolution, und aus den früheren Kunstrichtungen Op und Pop Art resultierten höchst außergewöhnliche Designs. Außerdem wuchs unter den Konsumenten die Nachfrage nach modischen Qualitätsarmbanduhren.

Omega-Armbanduhr

Datum: *1973*

Materialien: *Silberarmband und Amethyst*

Besonderheiten: *Diese Armbanduhr gewann den Rose d'Or-Designerpreis.*

In den 70er Jahren wurden verstärkt Designer-Armbanduhren, wie diese von Omega, hergestellt, um den Wünschen des Marken-Publikums nachzukommen. Modehäuser wie Christian Dior, Yves Saint Laurent und Gucci entwarfen Armbanduhren, die zum »Look« der jeweiligen Saison paßten. Die Uhren waren meist mit einem vergoldeten Gehäuse und schweizer Uhrwerk ausgestattet. Designer-Uhren dokumentieren die wechselnden Moden in diesem Jahrzehnt und können ein interessantes Sammelgebiet darstellen.

Rodolphe-Damenarmbanduhr

DATUM: *80er Jahre*

BESONDERHEITEN: *Diese Uhr, in der »Power Dressing«-Ära hergestellt, ist witzig und chic und hat ein höchst eigenwilliges Zifferblatt.*

Technische Perfektion reichte in den 70ern nicht mehr – das Produkt mußte sowohl gut aussehen als auch funktional sein, um auf dem immer überfüllteren Markt bestehen zu können. So wurden modeangepaßte Uhren zu Preisen angeboten, die früher den eher konservativen Designerserien vorbehalten gewesen waren. Diese modische, flotte Armbanduhr ist typisch für diese Zeit.

Gucci Designer-Armbanduhr

DATUM: *70er Jahre*

BESONDERHEITEN: *Dieses Modell aus dem Hause Gucci verfügt über mehrere austauschbare Lünetten.*

Die Armbanduhren, die in den 70ern von den Modehäusern in Auftrag gegeben wurden, können eine interessante Sammlung abgeben: Da sie zur gängigen Mode passen sollten, sind die verwendeten Farben und Materialien etwas abenteuerlicher als jene, die traditionell von den Uhrenherstellern verwendet wurden. Die Lünetten dieser Uhr von Gucci sind austauschbar, so daß der Träger die Farbe je nach Bedarf passend zur Kleidung wählen konnte.

Kunst-Armbanduhr von Rado

DATUM: *90er Jahre*

BESONDERHEITEN: *Bemerkenswert ist die perfekte Einbindung des Uhrengehäuses in das Armband.*

In den frühen 90ern erfreuten sich Sportuhren zwar noch großer Beliebtheit, doch zunehmend gefragter wurden Modelle, die beim Sport wie bei festlichen Anlässen getragen werden konnten; manche Uhren waren sogar mit Diamanten geschmückt. Das Interesse an altem Design war keinesfalls abgeklungen, Kopien älterer Armbanduhren wurden wieder beliebt: So wurden originalgetreue Repliken angefertigt, oder der Originalentwurf diente als Grundlage für eine Weiterentwicklung des Designs.

Diese Armbanduhr von Rado überschreitet die feine Grenze zwischen Kunst- und Uhrendesign, eine Spielart, die in den späten 40ern durch George Horowitz, einen Anhänger des Bauhaus', ins Leben gerufen worden war.

Kunst-Armbanduhr von Longines

DATUM: *1952*

MATERIALIEN: *Emailliertes Zifferblatt*

BESONDERHEITEN: *Kunstuhr mit Sternenmotiv*

Das Kunstuhr-Design wurde stark vom Bauhaus beeinflußt. Dessen Auffassung bestand darin, daß die Funktionalität Schönheit und Stil eines Produktes bedingt. Einer seiner herausragenden Vertreter, George Horowitz, entwarf Designs, die heute noch beliebt sind, etwa das berühmte tiefschwarze Zifferblatt mit einem einzelnen Goldpunkt auf zwölf Uhr. Seither werden immer wieder Künstler gebeten, ein bestimmtes Modell zu entwerfen oder die Erlaubnis zu erteilen, eines ihrer Kunstwerke für eine neue Kreation verwenden zu dürfen.

Herrliche Designs wie etwa das auf dieser Longines-Uhr sind eine außerordentliche Bereicherung jeder Sammlung, daher bei leidenschaftlichen Sammlern sehr begehrt und somit teuer.

Andy Warhols »Times/5«

DATUM: *ca. 1988*
BESONDERHEITEN: *Fünf separate Uhrwerke und fünf verschiedene Ansichten von New York*

Der Uhrenhersteller Movado hat sich zum Ziel gesetzt, mit zeitgenössischen Künstlern Armbanduhren zu schaffen, die kleine Kunstwerke sind. Einen großen Beitrag zu dieser Kollektion lieferte ein Künstler, der leider vor Beendigung seines Werks starb – Andy Warhol mit seiner *Times/5*-Armbanduhr. Die fünf verschiedenen Zifferblätter zeigen fünf verschiedene Ansichten von New York; aber was dieses Stück einzigartig macht, sind die fünf separaten Uhrwerke. Das Modell wurde in limitierter Auflage von 250 Stück hergestellt. 50 Stück behielt Movado, 200 Exemplare wurden 1988 für immerhin 18.500 Dollar pro Stück verkauft.

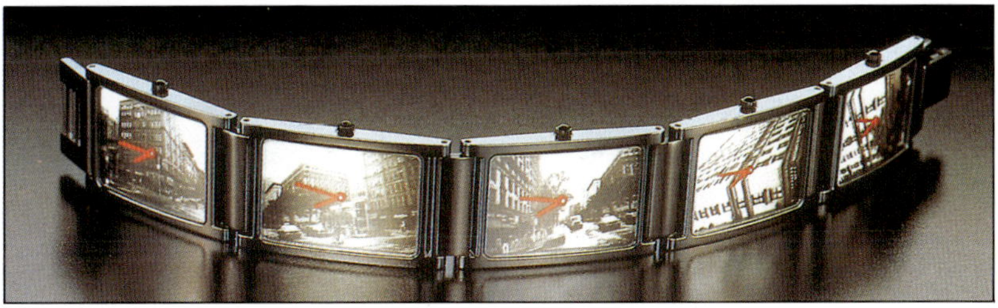

James Rosenquists »Elapse, Eclipse, Ellipse«

DATUM: *1991*
BESONDERHEITEN: *Entworfen anläßlich der Sonnenfinsternis von 1991; das Thema wird in der Schmuckvitrine wieder aufgenommen.*

1991 präsentierte James Rosenquist die *Elapse, Eclipse, Ellipse.* Es handelte sich um eine silberne Uhr mit drei Zifferblättern, einem dunkelblauen, sternenverzierten Lederarmband und einem mechanischen Uhrwerk. Die Idee zu diesem Modell ging aus der Arbeit des Künstlers hervor, die das Thema »Welcome to the Water Planet« trug: ein blaues Zifferblatt, *Ellipse,* steht für die Erde, vom Weltraum aus betrachtet; *Eclipse* steht für einen Meteor; und *Elapse* schließlich ist ein abstraktes Zeitkonzept. Dieses Exemplar wurde in einem pyramidenförmigen Behälter verkauft, der Teil des gesamten Designkonzeptes war.

Cartier-Damenarmbanduhr

DATUM: *1913*

MATERIALIEN: *Weißgold und Diamanten*

BESONDERHEITEN: *Durch die Größe der Steine ober- und unterhalb des Uhrengehäuses wird diese Uhr zu einem besonderen Schmuckstück.*

Oft ist eine Armbanduhr das einzige Schmuckstück, das getragen wird; daher ist es wichtig, daß sie der Persönlichkeit und dem Lebensstil des Trägers entspricht. Wie aus diesem herrlichen Exemplar von Cartier ersichtlich ist, muß eine Uhr nicht nüchtern sein – schließlich stehen für Uhrengehäuse die unterschiedlichsten Materialien zur Verfügung. Um eine Armbanduhr in ein Schmuckstück zu verwandeln, können beispielsweise Gehäuse, Zifferblatt, Lünette oder Armband mit Edelsteinen besetzt werden. Der Wert einer Uhr läßt sich u. a. am Schliff der Steine ablesen. Wenn Sie eine Schmuckuhr kaufen, überprüfen Sie auch die Qualität des Uhrwerks: Früher wurden oft billige verwendet, die eventuell nicht mehr gut funktionieren.

Uhr mit Lederarmband

DATUM: *Nicht bekannt*

MATERIALIEN: *Weißgold, mit Diamanten besetzt*

BESONDERHEITEN: *Das Zifferblatt ist vollständig mit Diamanten besetzt, so daß von ihm selbst nichts mehr zu sehen ist.*

Bei einer Armbanduhr mit derart vielen Diamanten sind Anordnung, Schliff und Farbe der Steine ebenso wichtig wie bei einem normalen Schmuckstück. Um den Wert der Uhr schätzen und sie datieren zu können, sollte man sich den Schliff der Steine näher ansehen. Bei kleinen Diamanten genügt ein achtfacettiger Schliff, doch größere Steine sollten von guter Qualität, Farbe und Schliff sein.

Omega Schmuckuhr

Datum: *1925*

Materialien: *Gehäuse und Armband aus Platin*

Besonderheiten: *Die Uhr ist mit einem großen Saphir und zweiundachtzig Diamanten besetzt.*

Um zu prüfen, ob bei einer älteren Uhr die Fassungen noch fest sitzen, sollte man sie nahe ans Ohr halten und leicht schütteln – lose Steine klirren dann ein wenig. Es kann sehr zeitraubend sein, einen fehlenden Stein mit ungewöhnlichem Schliff oder von außergewöhnlicher Farbe zu ersetzen, weshalb man das Stück vor der Preisverhandlung auf beschädigte oder fehlende Steine kontrollieren sollte. Ins Armband integrierte Uhren wie diese hier eignen sich besonders für einen Edelsteinbesatz. Das Gehäuse kann rund oder quadratisch sein, aber auch herzförmig, halbkreisförmig oder sogar von völlig abstrakter Form.

Armbanduhr von Jaeger-LeCoultre

Datum: *1950*

Materialien: *Lederarmband und Diamanten*

Besonderheiten: *Statt Zahlen sind außerhalb des Ziffernblattes Diamanten eingesetzt.*

Die Schönheit einer Schmuckuhr wird häufig nach der Dicke des Gehäuses bewertet, sowie danach, ob es sich gut der Wölbung des Handgelenkes anpaßt. Heute sind die meisten Schmuckuhren mit einem Quarzwerk und einem Saphirglasdeckel ausgestattet. Aufgrund ihrer Konstruktion sind sie meist nur bedingt wasserdicht. Gerade bei älteren Exemplaren wurde auf Wasserdichte oft kein Wert gelegt, weshalb man solche Uhren sorgsam behandeln sollte. Diese außergewöhnliche Armbanduhr von Jaeger-LeCoultre aus 14-karätigem Gold eignet sich gut zum täglichen Gebrauch, paßt aber auch zur Abendgarderobe.

Armbanduhr von Jean Lassale

DATUM: *Nicht bekannt*

MATERIALIEN: *18-karätiges Gold mit Lederarmband*

BESONDERHEITEN: *Diese Uhr war sowohl Gilda als auch Rita Hayworth gewidmet, die erstere im gleichnamigen Film verkörperte. Die Kette aus 18-karätigem Gold ist um ein Lederarmband gewunden.*

Jean Lassale ist in der Schmuckuhrenbranche noch relativ neu. Die Firma erhielt seit 1975, als sie die angeblich flachste Uhr der Welt auf den Markt brachte, zahlreiche Preise, Auszeichnungen und Medaillen. 1985 machte sie sich mit der *Thalassa*-Kollektion einen Namen und konzentrierte sich auf äußerst stilvolle Damen- und Herrenarmbanduhren, die das Interesse des Künstlers an Design widerspiegeln.

Die Firma Jean Lassale vertritt den Standpunkt, eine Armbanduhr müsse sowohl ein Schmuckstück als auch funktional sein. Serien wie die *La Passion* beweisen, wie ansprechend nach diesem Motto hergestellte Uhren sein können.

Armbanduhr von Raymond Weil

DATUM: *Nicht bekannt*

MATERIALIEN: *Vergoldet, Kristall*

BESONDERHEITEN: *Durch die besondere Vergoldungs-Technik von Raymond Weil ist dieses außergewöhnliche Stück auch für den täglichen Gebrauch geeignet.*

Die Entwicklung ultraflacher Uhren mit Quarzwerken erleichterte den Entwurf von Schmuckuhren beträchtlich und eröffnete neue Gestaltungsmöglichkeiten. Neue Firmen mit kreativem Potential entstanden, unter denen Raymond Weil eine der erfolgreichsten ist. Dessen *Othello*-Kollektion mit galvanisiertem, ultraflachem Gehäuse aus 18-karätigem Gold und schwarzem oder mit österreichischen Steinen besetztem Zifferblatt setzte neue Standards für Schmuckuhren der mittleren Preisklasse. Uhren dieser Kollektion waren mit dem flachsten Quarzwerk ausgestattet, das zu diesem Preis erhältlich war, und daneben Vorläufer von Raymond Weils erster Armbanduhr aus massivem Gold und Diamanten, der *Parsifal*, die sich ebenfalls durch das Markenzeichen der Firma – schlichte Eleganz – auszeichnete.

Herrenarmbanduhr von Longines

Datum: *60er Jahre*

Materialien: *Gold*

Besonderheiten: *Automatikuhr mit zweifarbiger Gravur*

Diese gravierte Armbanduhr von Longines wurde in kleiner Auflage hergestellt, eignete sich daher direkt als Sammlerstück. Schmuckuhren wie diese gab es bereits in den ersten Tagen der Armbanduhr. Steine aus dieser Zeit – bevor es die modernen Maßeinheiten und Schliffe gab – weisen oft kleine Unterschiede auf, die viel zum Charakter der Uhr beitragen können.

Weder bei älteren Exemplaren noch bei neueren wurde viel Wert auf Wasserdichte gelegt. So sind etwa Uhren mit Quarzwerk und Saphirglas schon wegen ihrer Konstruktion nicht sehr wasserdicht. Der Träger sollte also eine solche Uhr mit der nötigen Sorgfalt behandeln.

Schmuckuhr von Piaget

Datum: *Nicht bekannt*

Materialien: *Rubine und Diamanten*

Besonderheiten: *Pavé-gefülltes Zifferblatt*

Dieses exquisite Modell aus dem Hause Piaget ist mit Rubinen und Diamanten besetzt. Die Firma stellt exklusive Schmuckuhren für beide Geschlechter her. Der Wert dieser Uhren variiert, je nachdem, ob und wieviele hochwertige Steine verarbeitet wurden. Oft ist das gleiche Modell mit einer unterschiedlichen Anzahl an Edelsteinen erhältlich.

Jennifer, Scheherazade und Stella-Uhren

DATUM: *Nicht bekannt*

MATERIALIEN: *18-karätiges Gold und Edelsteine*

BESONDERHEITEN: *Auf dem Armband der Stella ist eine goldene Spange angebracht, die mit Diamanten und Rubinen besetzt ist.*

Das Vorurteil, Schmuckuhren hätten immer eher ein konservatives Design, wurde in den letzten Jahren von jüngeren Firmen wie Jean Lassale gründlich widerlegt, dessen Uhren ein reizvolles und einzigartiges Design besitzen, wie die hier abgebildeten Uhren beweisen.

Am Armband des *Stella*-Modells ist eine Spange befestigt, die mit Diamanten und Rubinen besetzt ist. Bei einer Firma, die eines ihrer ersten Modelle *Mata Hari* nannte, dürfte es kaum überraschen, daß Nachfolgemodelle Namen wie *Scheherazade* tragen und Uhren auf den Markt gebracht werden, in denen Lapislazuli, Diamanten, Rubine und Smaragde verarbeitet sind. Jean Lassale bietet seit kurzem unter dem Namen *California*-Kollektion ein Uhrenset »für Sie und Ihn« in einem speziellen Etui an.

Uhr aus Weißgold und Diamanten von Piaget

DATUM: *ca. 60er/70er Jahre*

MATERIALIEN: *Weißgold und Diamanten*

BESONDERHEITEN: *Sehr auffällige Farben*

Piaget ist für die Verwendung von Edelsteinen bekannt, wie auch dieses Exemplar belegt. Solche Kollektionen sind besonders interessant, da Schmuckuhren für beide Geschlechter – auch für die Geschichte der Schmuckherstellung allgemein – von großer Bedeutung sind. Halten Sie vor allem nach Exemplaren Ausschau, die auf ähnlichen Designs mit unterschiedlich vielen Steinen besetzt sind, die den Stil der Uhr verändern.

Chronograph für Damen

DATUM: *Nicht bekannt*

MATERIALIEN: *18-karätiges Gold mit Diamanten*

BESONDERHEITEN: *Ungewöhnlicher, diamantenbesetzter Chronograph mit einem Gehäuse aus 18-karätigem Gelbgold*

Die Firma Baume et Mercier, von der diese Uhr stammt, hat sich auf zierliche Schmuckuhren, oft mit hervorragend gearbeiteten Gliederarmbändern, spezialisiert; die Bügel sind meist aus Gold und mit Edelsteinen verziert. Die Uhren sind auch in 18-karätigem Weißgold erhältlich, was eher ungewöhnlich ist, aber zeigt, daß die Firma dem Geschmack des Publikums entgegenkommt.

Nach solchen Exemplaren sollte der Sammler Ausschau halten: Sie werden tatsächlich immer gefragter.

Uhren von Piaget mit Zifferblättern aus Edelsteinen

DATUM: *Nicht bekannt*

MATERIALIEN: *Türkis, Malachit und Lapislazuli*

BESONDERHEITEN: *Qualitativ hochwertige Edelsteine*

Eines der wichtigsten Designelemente des Hauses Piaget ist die Verwendung von hochwertigen Steinen. Das gleiche (oder ein ähnliches) Design ist oft – wie hier ersichtlich – mit verschiedenen Steinen sowie 18-karätigem Weißgold erhältlich; letzteres ist allerdings ziemlich unüblich.

Diese schönen und originellen Uhren gibt es in verschiedenen Preisklassen, was sie natürlich zu einem besonders lohnenden Sammlerstück macht. Die schlichten Lederarmbänder in passenden Farben heben die Schönheit der Steine zusätzlich hervor.

Ocean 2000

DATUM: *Nicht bekannt*

BESONDERHEITEN: *Diese automatische Taucheruhr mit Porschedesign ist bis zu einer Tiefe von 2000 Metern wasserdicht und besitzt eine drehbare Lünette.*

Die Drehlünette erlaubt eine genaue Kontrolle der Zeit, z. B. beim Tauchen. Bei allen guten Uhren ist die Lünette nur in eine Richtung drehbar, so daß nach einem Stoß, aufgrund dessen sich die Lünette verstellt, die Tauch- oder Flugzeit automatisch verkürzt statt verlängert wird.

Die Verschlüsse und Dichtungen wasserresistenter Uhren sollten unverzüglich überprüft werden, vor allem wenn man sie in Salzwasser tragen will, das den inneren Verschlußring schnell korrodieren läßt. Der Chronograph kann unter Wasser nicht aktiviert bzw. deaktiviert werden. Dieses herrliche Exemplar stammt von der International Watch Company.

Breitling Chronometer

DATUM: *Nicht bekannt*

BESONDERHEITEN: *Rechenstab, der von Piloten vor der Erfindung von Flugcomputern verwendet wurde*

Breitling ist bekannt für seine hochspezialisierten Sportuhren. Viele der älteren und robusteren Modelle sind heute noch auf dem Markt. Manche dieser Uhren werden mit bedeutenden Ereignissen in der Geschichte der Luftfahrt oder Luftwaffe aller Staaten in Verbindung gebracht. Der *Chronometer* ist Breitlings berühmteste Uhr und in vielen Ausführungen erhältlich. Die automatische Version mit Tauchlünette ist wasserdicht.

Von Breitling stammt auch der *Cosmonaut*, eine Uhr für Berufspiloten, an dessen Lünette ein Rechenstab und ein 24-Stunden-Ring angebracht sind (wie hier abgebildet).

Parsifal-Chronographen

Datum: *Nicht bekannt*

Materialien: *18-karätiges Gold*

Besonderheiten: *Die Parsifal-Uhren sind sowohl Sport- als auch Schmuckuhren.*

Wie diese beiden herrlichen Uhren von Raymond Weil beweisen, müssen Sportuhren keinesfalls unattraktiv oder plump sein. Viele solcher Uhren, wie auch die oben abgebildeten, haben ein überraschend ansprechendes Design, sind jedoch gleichzeitig auf den Gebrauch beim Sport zugeschnitten. Sie sind in klassischer und in moderner Ausführung erhältlich.

Sportuhr von Cartier

DATUM: *90er Jahre*
BESONDERHEITEN: *Revolutionärer Chrono-Reflex-Mechanismus*

Der Chrono-Reflex – ein genialer Mechanismus – ermöglicht, die Anzahl der Jahre bis zu einem Schaltjahr sowie Datum und Monat wie bei normalen Uhren anzuzeigen.

Die *Diablo* ist ein Modell aus der Sportuhren-Reihe von Cartier. Dieses berühmte Haus brachte 1985 die *Pasha*-Kollektion heraus, die nach El Glaoui, dem Pasha von Marrakesch benannt wurde, da dieser in den 30er Jahren eine Uhr in Auftrag gegeben hatte, die er auch im Swimming-Pool tragen konnte. Die *Pasha*-Serie ist eine der herausragendsten Kollektionen von Cartier und in Ausführungen aus Edelstahl oder 18-karätigem Gold erhältlich. Eine der *Pasha*-Serien wurde mit einem revolutionären Werk ausgestattet, so daß die Uhren nicht nur als Chronographen, sondern auch als Kalenderuhren dienen können. Das Gehäuse ist erstaunlich klein, vor allem, wenn man bedenkt, wieviele Funktionen darin untergebracht sind.

Moderne Girard-Perregaux-Armbanduhren

DATUM: *90er Jahre*
MATERIALIEN: *Stahl und 18-karätiges Gold*
BESONDERHEITEN: *Uhren mit klassischem Sportuhren-Design*

Girard-Perregaux hat seine langjährige Erfahrung auch in die Herstellung klassischer Sport-Chronographen eingebracht. Die Firma bietet eine Serie von Taucheruhren namens *Sea Hawk* an, die auch den anspruchsvollsten Sammler zufriedenstellt. Die klassisch-schöne Form der *GP 4900*, eine der wenigen Uhren, die in Rotgold angeboten wird, wurde aus früheren Zeiten übernommen, während die Ausrichtung auf die Zukunft in den klaren, schlichten Formen der *GP 7000*-Serie zum Ausdruck kommt.

Diese wird seit 1990 hergestellt. Die Uhren sind sämtlich in Rot– oder Gelbgold erhältlich und mit Saphirgläsern und Automatikwerken ausgestattet.

Breitling Navitimer

Datum: *Nicht bekannt*

Besonderheiten: *Hübsche, zweckmäßige Uhr aus einer Serie, die speziell für Piloten entwickelt worden ist*

Der Vorzeige-Chronograph der Firma Breitling ist die *Navitimer,* die in Grenchen, Schweiz, hergestellt wird. Ihre Präzision sowie die Einfachheit, mit der wichtige Informationen abzulesen sind, waren dafür verantwortlich, daß Breitling-Zeitmesser auf der Instrumententafel so legendärer Flugzeuge wie der Boing Clipper und der DC 3 einen wichtigen Platz eingenommen haben. Viele frühere Mitarbeiter der Firma tragen heute noch ihre ehemalige »Dienstuhr«.

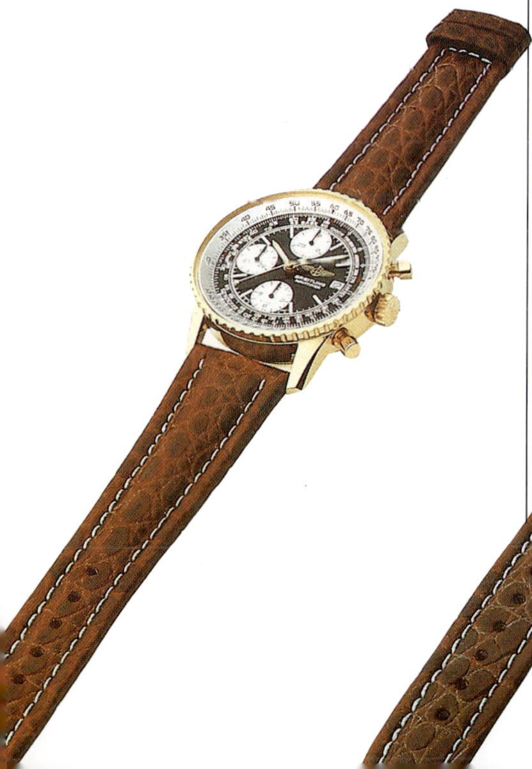

Automatischer Chronograph von Breitling

Datum: *Nicht bekannt*

Besonderheiten: *Wasserdicht bis zu einer Tiefe von 100 Metern*

Der unten abgebildete Chronograph ist Teil der berühmten *Chronographen*-Serie von Breitling. Dieses Modell wurde speziell für Taucher entworfen. Breitling hat sich auf die Herstellung von Uhren spezialisiert, die den besonderen Bedürfnissen von Sportlern gerecht werden. So gibt es sogar eine Breitling *Yachtmaster,* die mit einem automatischen Chronographen-Werk ausgestattet ist und in Fünf- bis Zehn-Minuten-Intervallen Warnsignale abgibt.

LONGINES

Seit 1867, als Ernest Françillon die Longines-Fabrik gründete, wird der Firmenname mit großen Sportereignissen in Verbindung gebracht; ihr Motto lautet »präzise Zeitmessung«, die ja gerade bei solchen Veranstaltungen oberstes Gebot ist. Longines produziert Spezial-Sportuhren aller Art, von Marine-Chronometern, die sogar Reisen in die Arktis und Antarktis überstehen (eine dieser berühmten Expeditionen wurde von Captain Bernier geleitet, der mit seinem Schiff *The Arctic* von den USA aus den Nordpol erkundete), bis hin zu Rennsport- und Fahrradsportuhren. Longines war bei vielen großen Sportereignissen des 20. Jahrhunderts offizieller Zeitnehmer.

OBEN: Longines Conquest Chronograph wurde zur Erinnerung an die XX. Olympiade 1972 in München hergestellt.

Omega Piloten-Armbanduhr

DATUM: *1934*

BESONDERHEITEN: *Drehlünette mit Keilanzeige zur Bestimmung der Flugdauer*

Die erste Omega *Speedmaster* war 1969 bei der Mondlandung dabei. Übrigens: Automatikuhren funktionieren ohne Schwerkraft nicht! Die Ganggenauigkeit dieses Chronographen war so exakt, daß die Besatzung der Apollo XIII in der Lage war, den Zeitpunkt für die Zündung der Bremsraketen selbst zu bestimmen, nachdem der Funkkontakt zur Erde abgebrochen war. Das Design wurde im Prinzip beibehalten, die Uhr selbst jedoch ständig weiterentwickelt und auf den neuesten Stand der Technik gebracht. Die *Seamaster* für Wassersportler ist aus Titan und Rotgold gefertigt, bis zu einer Tiefe von 300 Metern wasserdicht und besitzt eine drehbare Lünette. Diese Pilotenuhr hier ist ein schönes Exemplar aus der Omega-Serie.

Omega Seamaster

DATUM: *70er Jahre*

BESONDERHEITEN: *Wasserdicht bis zu einer Tiefe von 2000 Metern*

1934 brachte Omega die ersten Uhren auf den Markt, die unter Wasser getragen werden konnten. Die Firma löste das Problem des Druckausgleichs auf neue Art: Anstelle eines offenen Ventils besaß diese Uhr eine eingelassene Krone auf Höhe der Zehn, die im Bedarfsfall geöffnet werden konnte, um Helium abzulassen, ohne daß Wasser eindrang.

Dieses Modell wurde von Jacques Cousteau bei einer Reihe von Experimenten in einer Tiefe von 500 Metern verwendet.

Tag-Heuer Formel 1-Chronograph

DATUM: *90er Jahre*
BESONDERHEITEN: *Diese Ausführung zählt zu den modernen Klassikern unter den Sportuhren.*

Wer Sportuhren sammelt, dem ist der Name Tag-Heuer ein Begriff. Die Geschichte dieser Firma geht zurück bis ins Jahr 1860. 1920 war sie der offizielle Ausrüster für Zeitmesser bei den Olympischen Spielen und erlebte in den frühen 80ern dieses Jahrhunderts ein bemerkenswertes Comeback. 1985 schloß sich der Uhrenhersteller Heuer mit der TAG-Gruppe (Techniques d'Avant Garde) zusammen, und seither zählt diese Firma zu den führenden Firmen dieser Branche. Eine Uhr, bei der auf dem Zifferblatt nur der Name Heuer auftaucht, stammt also aus der Zeit vor 1985.

Die meisten der Tag-Heuer-Uhren besitzen heute einen Quarz-Mechanismus, der über die im Sport notwendige Ganggenauigkeit verfügt. Edward Heuers Interesse an technischen Neuerungen brachte ihm mehrere Patente ein – das erste recht früh in der Geschichte der Firma, und zwar für ein neues System zur Abdichtung von Gehäusen für den Wassersport. Neben Armbanduhren stellte die Firma auch Uhren für das Armaturenbrett in Autos her, und 1942 brachte sie die *Solunar* auf den Markt, die Ebbe und Flut sowie diejenigen Zeiten anzeigen konnte, wann das Angeln besonders erfolgversprechend war! Heute noch stellt Tag-Heuer mechanische und Quarzuhren her, wie sie bereits vor dem Zusammenschluß beider Firmen von Heuer produziert worden waren. Automatische Tag-Heuer-Uhren sind selten und sehr gefragt.

Moderne Rolex Submariner

DATUM: *90er Jahre*
MATERIALIEN: *In Edelstahl, Gelbgold oder Stahl kombiniert mit 18-karätigem Gold erhältlich*
BESONDERHEITEN: *Modell Nr. 16610; wasserdicht bis zu einer Tiefe von 300 Metern, Drehlünette*

Eine der berühmtesten Taucheruhren aller Zeiten ist die Rolex *Submariner* mit Automatikaufzug, Chronometer-Gangschein und wasserdicht bis zu 300 m. Mit ihr kann nur eine andere Rolex-Uhr konkurrieren: die *Sea-Dweller.* Letztere ist bis zu einer Tiefe von 1220 Metern wasserdicht und zudem die einzige Rolex mit Datumsanzeige, die nicht durch Lupenschliff vergrößert wird. Die *Sea-Dweller* gibt es nur in Edelstahl, die *Submariner* hingegen in Stahl, Gelbgold oder Stahl mit 18-karätigem Gold kombiniert.

Omega Speedmaster Professional

DATUM: *60er Jahre*
BESONDERHEITEN: *1965 von der NASA für Mond- und Raumfahrtprogramme ausgewählt*

Dieses Modell erschien 1946; alle Modelle ohne den Zusatz »professional« datieren vor 1965. Zur Feier des 20. Jahrestages der Mondlandung am 20. Juli 1969 brachte Omega eine limitierte Ausgabe von 2500 Stück des *Speedmaster Professional*-Chronographen aus rostfreiem Edelstahl heraus. Bei allen Exemplaren sind am Rande die Worte »Apollo XI 1969« eingraviert, auf der Rückseite steht »The first watch worn on the moon« (Die erste Uhr, die auf dem Mond getragen wurde) und »Flight qualified by NASA for all manned space missions« (Von der NASA für alle bemannten Raumfahrtprogramme als flugtauglich eingestuft). Diese Chronographen gingen so präzise, daß die Astronauten der Apollo XIII mit ihnen die nötigen Berechnungen für den Zündzeitpunkt der Bremsraketen durchführen konnten, nachdem der Funkkontakt zur Erde abgebrochen war.

Piloten-Armbanduhr von IWC

DATUM: *1940*

BESONDERHEITEN: *Diese Uhr war mit einem Taschenuhr-Mechanismus ausgestattet und konnte über einem Fliegeranzug getragen werden.*

Meist besitzt eine Pilotenuhr einen Sekundenzeiger aus der Mitte heraus, während sich bei Uhren für die Infanterie der Sekundenzeiger auf einem Hilfszifferblatt in Höhe der Sechs befindet. Pilotenuhren sind meist auch größer, können am Oberschenkel befestigt und als Navigationsinstrument verwendet werden. IWC stellt auch heute noch Militäruhren her.

Militär-Armbanduhren von Omega

DATUM: *1917*

BESONDERHEITEN: *Mit der Armbanduhr links außen wurde das US-Signal Corps (die Fernmeldetruppe) ausgestattet.*

Militär-Armbanduhren wie diese von Omega haben oft einige interessante Besonderheiten aufzuweisen, können jedoch für Sammler auch unter historischen Gesichtspunkten reizvoll sein (manche sammeln z. B. nur Infanterie-Armbanduhren aus dem 2. Weltkrieg). Omega stellt immer noch einige seiner Originaldesigns her (ebenso wie Jaeger-LeCoultre und andere Firmen, die sich auf Militärausrüstung spezialisiert haben). Bevor Sie eine solche Uhr erwerben, prüfen Sie sorgfältig, ob es sich tatsächlich um eine echte Militär-Armbanduhr handelt und nicht nur um ein nachgeahmtes Souvenir.

Armbanduhr aus dem 1. Weltkrieg von Zenith

DATUM: *1916*

MATERIALIEN: *Massives Silber*

BESONDERHEITEN: *Diese Armbanduhr gehörte vermutlich einem Offizier.*

Gravuren auf der Gehäuserückseite von Militär-Uhren können als Hinweis darauf dienen, an wen und zu welchem Zweck sie ausgegeben wurden. »6B« findet man beispielsweise auf Uhren, mit denen die britische RAF und die Mannschaften der Flugzeugträger ausgestattet wurden, »W10« findet sich auf Uhren der britischen Heerestruppe. Amerikanische Uhren tragen oft ein US-Armee-Patent und den Namen der Truppe oder der Division. WWW steht für »Waterproof Wristwatch« (wasserdichte Armbanduhr). Militär-Armbanduhren hatten sehr oft ein robustes Armband aus Leinen und schwarze Ziffern.

Britische Piloten-Uhr/ Britische Armee-Uhr/ CWC British Service Issue (Ausgabe für die britische Armee)

Daten: 1942-52/ 1969/ 1987

1 2 3

Die Armbanduhr **1** ist eine Uhr für britische Piloten und Flugzeugbesatzungen. Sie wurde von Omega zwischen 1942 und 1952 hergestellt. Die Uhr **2** in der Mitte wurde 1969 für die britische Armee von der Firma Smiths hergestellt, die sowohl Quarz- als auch mechanische Uhren produzierte. Die letzte Armbanduhr **3** ist eine CWC British Service Issue-Uhr mit einem schweizer Quarzwerk, mit der die britischen Streitkräfte ausgestattet wurden.

Armbanduhr von Cartier

DATUM: *1927*

BESONDERHEITEN: *Vom Entwurf bis zum fertigen Produkt verraten Klassiker wie diese Uhr nie ihr wahres Alter.*

Eine klassische Armbanduhr vereinigt in sich Zeitlosigkeit von Stil und Design, schlichte Eleganz, ein widerstandsfähiges Gehäuse und ein zuverlässiges Werk, dem auch jahrelanges, tägliches Tragen der Uhr nichts anhaben kann. Seit 1847 steht der Name Cartier für hervorragende Qualität. Die Firma zeichnet für einige der schönsten Schmuckstücke verantwortlich und hat ihre Erfahrungen im Schmucksektor sowie den außerordentlich hohen Qualitätsstandard auch auf die hohe Kunst des Uhrmachens übertragen. Das Haus Cartier hat unzählige Modelle hervorgebracht, eines schöner als das andere, die zu Recht beliebte Sammlerstücke geworden sind.

Rado Diastar

DATUM: *Nicht bekannt*

BESONDERHEITEN: *Moderne Klassiker werden oft durch Verwendung moderner Materialien geschaffen.*

Einige Uhrenfirmen haben sich mehr der Produktion klassischer Uhren verschrieben als andere und verwenden das gleiche Design jahre- oder jahrzehntelang, abgesehen von kleinen Veränderungen des Zifferblattes oder Werkes. Solche Modelle stellen – wie die Rado *Diastar* – unter Beweis, daß sie stabil gebaut sind und zuverlässig arbeiten. Gleichzeitig wird deutlich, daß die Firma sich der Tradition zu sehr verpflichtet fühlt, um jeden Modetrend mitzumachen. Serien werden in der Regel über eine Reihe von Jahren produziert, dann vorübergehend aus dem Programm genommen, um schließlich, mit leichten Veränderungen, wieder eingeführt zu werden. Es kann interessant sein, das Original einer bestimmten Serie zu suchen und deren Weiterentwicklung zu verfolgen.

Santos von Cartier

DATUM: *30er Jahre*

BESONDERHEITEN: *Hier mit einem Lederarmband; heute haben diese Modelle meist ein Metallarmband.*

Cartier war der Hoflieferant Napoleons III.; 1973 wurde die Serie *Les Must de Cartier* eingeführt, welche diese alte Tradition fortführen sollte. Allerdings beschränkt sich die Serie nicht auf die Produktion von Armbanduhren, sondern erstreckt sich auch auf Füller, Feuerzeuge, Parfüms usw., insgesamt also Accessoires, die über den täglichen Gebrauch hinaus einen bestimmten Lebensstil präsentieren. Seit 1973 werden die Uhren der *Les Must de Cartier*-Serie mit nahezu dem gleichen Gehäusedesign – entweder rechteckig oder rund – hergestellt, nur die Gestaltung des Zifferblattes variiert gelegentlich.

Die Tank-Uhr von Cartier

DATUM: *Nicht bekannt*

MATERIALIEN: *18-karätiges Gold*

BESONDERHEITEN: *Die Schlichtheit des Gehäuses wird durch das Lederband noch hervorgehoben.*

Die Cartier *Tank*-Uhr gibt es in vielen Varianten. Das Designer-Team von Cartier hat im Laufe der Jahre gezeigt, was sich aus einem römischen Zifferblatt alles machen läßt, und das bei gleichbleibender Qualität – daher der Ruf von Cartier. Es gibt Modelle, bei denen die Zahlen so vergrößert sind, daß sie sich fast in der Mitte treffen, aber auch welche, bei denen die Zahlen ganz klein sind und nahe am Gehäuse liegen.

Juwelenbesetzte Armbanduhr von Cartier

DATUM: *Nicht bekannt*
MATERIALIEN: *Diamanten*
BESONDERHEITEN: *Bemerkenswert ist die ungewöhnliche Anordnung der Diamanten auf beiden Seiten des Gehäuses.*

Dieses wunderschöne Exemplar aus dem Hause Cartier ist ein echter Klassiker. Eine Uhr wie diese kann viele Jahre getragen werden, ohne daß ihr Aussehen leidet, und wird immer zeitgemäß wirken. Wahrer zeitloser Stil vereint meist ein schlichtes Design mit einer klaren Linienführung. Jeglicher überflüssige Schnickschnack würde die wechselnden Modetrends vermutlich sowieso nicht überstehen. Die klassischen Modelle dieses Uhrenhauses haben internationale Anerkennung erfahren, und echte Sammler sind bereit, viel Geld für sie auszugeben.

Moderne Vacheron Constantin

DATUM: *Nicht bekannt*
BESONDERHEITEN: *Durch die zweifarbige Gestaltung wirkt das Zifferblatt besonders übersichtlich.*

Dieses Modell von Vacheron ist ein typischer Klassiker, wie ihn alle renommierten Uhrenhäuser immer noch herstellen. Solche Uhren besitzen meist ein Lederarmband sowie ein schlichtes, goldenes Gehäuse mit weißem Zifferblatt und schwarzen Zahlen oder ein champagnerfarbenes Zifferblatt mit Stabzeigern in Ausführungen für Damen und Herren. Solche Klassiker werden jahrelang produziert, dann vorübergehend eingestellt und irgendwann mit leichten Änderungen wieder aufgenommen. Es ist oft interessant, nach den Originaluhren einer Serie zu suchen und ihre spätere Entwicklung zu verfolgen.

Royal Oak von Audemars Piguet

Datum: *Erhältlich seit den frühen 70ern*
Besonderheiten: *Dieses Modell hier ist in vielen verschiedenen Materialien erhältlich.*

Schon früh etablierte sich Audemars Piguet als Hersteller komplizierter Uhrwerke. Im Jahre 1920 brachte die Firma die kleinste Uhr mit Minutenrepetition heraus (nur 15,90 mm im Durchmesser).

1972 erschien die *Royal Oak*, die nach drei Schlachtschiffen der königlichen Flotte benannt war (und diese wiederum nach dem berühmten Versteck von Charles II. nach seiner Niederlage gegen Cromwell). Diese Uhr verbindet elegantes Design mit technischen Finessen. Die *Quantième Perpétuel*, eine Automatikuhr, wurde 1984 zum ersten Mal hergestellt und gilt seither als eines der beliebtesten und begehrtesten Sammlerstücke. Hinter der eleganten, achteckigen Lünette der *Royal Oak* verbirgt sich eines der schönsten Uhrwerke, die es gibt. Heute ist diese Sportuhr in verschiedenen Materialien erhältlich – von traditionell in der Uhrenbranche verwendeten Materialien wie Gold und Stahl bis hin zum neuesten, Tantal.

Moderne Blancpain Quantième Perpétuel

Datum: *Nicht bekannt*
Materialien: *18-karätiges Gelbgold*
Besonderheiten: *Die Uhr stellt sich selbsttätig auf die unterschiedlichen Monatslängen ein.*

Seit 1735 wurde noch nie eine Quarz-Blancpain hergestellt, und das soll auch in Zukunft so bleiben – so lautet jedenfalls das Motto des Hauses Blancpain. Jehan-Jacques Blancpain, der 1735 seine erste Uhrenfabrik hoch oben im Juragebirge eröffnete, hatte den Ruf, ein Perfektionist zu sein. Alle Modelle von Blancpain tragen unleugbar den Stempel der Handarbeit. Jeder Auftrag wird einem einzelnen Uhrmacher übergeben, der von Anfang bis Ende die persönliche Verantwortung für dieses Stück trägt und es nach Beendigung signiert. Die in einem ehemaligen Bauernhof untergebrachte Blancpain-Manufaktur ist so weit von einer Fließband-Fabrik entfernt, wie man es sich nur vorstellen kann.

Reverso von Jaeger-LeCoultre

DATUM: *1931*

BESONDERHEITEN: *Dieses schöne Exemplar läßt erkennen, warum sein Design als »klassisch« gilt und auch heute noch verwendet wird.*

Antoine LeCoultre eröffnete 1833 seine eigene Uhrenfabrik in Le Sentier, und auch heute noch werden Uhrwerke und Gehäuse dort von Hand hergestellt.

Das Haus Jaeger-LeCoultre hat traditionell viele »Erstlinge« hervorgebracht. So stellte LeCoultre et Cie. 1847 beispielsweise die erste Armbanduhr her, bei der der Schlüsselaufzug durch einen seitlich am Gehäuse angebrachten Kronenaufzug ersetzt worden war. Die *Reverso* gibt es seit 1931 und ist heute noch in Produktion. Sie vereinigt Schönheit und eine klare Linienführung mit der nötigen Stabilität, um auch beim Sport getragen werden zu können. Zudem besitzt sie ein Wendegehäuse, das sich um 180 Grad drehen läßt, so daß Zifferblatt und Glas geschützt sind – also in jeder Hinsicht ein Klassiker.

Moderne Dunhill

DATUM: *ca. 80er Jahre*

BESONDERHEITEN: *Bemerkenswert ist die elegante, klassische Linienführung.*

Nicht alle Uhrenmodelle, die eine lang anhaltende Popularität genießen, wurden und werden von traditionellen Uhrenfabriken oder Schmuckfirmen hergestellt. Die Firma des Engländers Alfred Dunhill beispielsweise, die in erster Linie Luxusartikel herstellt, brachte seit ihrer Gründung Anfang dieses Jahrhunderts äußerst hübsche Stücke auf den Markt, die auch heute noch sehr beliebt sind. Zu den berühmtesten Modellen gehören die *Vermeil* (1975), die *Millenium*-Serie (1982), die *Elite* (1986) und die limitierte Edition von *Dress Watches.*

Longines-Uhren

Datum: *Späte 40er Jahre*

Materialien: *18-karätiges Gold*

Besonderheiten: *Tränenförmige Bügelenden*

Seit Gründung der Longines-Fabrik im Jahre 1867 durch Ernest Françillon hat Longines ganze Serien klassischer Sammleruhren hergestellt, darunter die berühmte *Lindbergh*. Alle Uhren sind für ihre Stabilität und Zuverlässigkeit bekannt. Ein anderer großer Erfolg war die *Conquest*-Kollektion, Uhren mit sehr sportlichem Stil, die jedoch zierlich und elegant genug waren, um der klassischen Linie zugerechnet werden zu können. Ihr Herzstück ist ein revolutionäres Quarz-Uhrwerk mit einer minimalen Gangabweichung von 12 Sekunden im Jahr – eine reife Leistung, selbst für eine Quarzuhr.

Longines Lindbergh-Uhr

Datum: *1933*

Materialien: *18-karätiges Gold*

Besonderheiten: *Dieses einzigartige Design wurde von Lindbergh selbst entworfen.*

Die bemerkenswerteste Serie von Longines war die *Lindbergh*-Kollektion, die 1933 zum Gedenken an die Atlantiküberquerung Lindberghs 1927 in seinem Flugzeug *Spirit of St. Louis* herausgebracht wurde. Der Originalentwurf für diese Uhr stammt von Lindbergh selbst.

Longines-Uhr

Datum: *40er Jahre*

Materialien: *9-karätiges Gold*

Besonderheiten: *Rechteckiges Gehäuse, das seitlich gewölbt ist, um die Bügel zu verdecken*

Ein seltener Klassiker aus den 40ern von Longines. Diese schmale, elegante Uhr ist bei Sammlern sehr begehrt, und es lohnt den Aufwand, nach ihr zu suchen, wenn es auch vielleicht ein wenig zeitaufwendig sein mag, ein bestimmtes Exemplar aufzustöbern. Ihre Ganggenauigkeit und ihr geschmackvolles Design machen Longines-Uhren auf der ganzen Welt zu begehrten Sammlerstücken.

Omega-Uhr mit Handaufzug

Datum: *1967*

Besonderheiten: *Dies war eines der ersten Modelle der De Ville-Serie von Omega.*

Im Laufe der Jahre hat Omega eine ganze Reihe von Sammler-Kollektionen herausgebracht, unter ihnen die klassische *De Ville*-Serie, die immer noch hergestellt wird, sowie die etwas außergewöhnlich gestaltete *Constellation.* Für den erfahreneren Sammler empfiehlt sich die *Louis Brandt*-Serie von Omega; die Uhren sind alle mit ewigem Kalender, Chronograph und einem schlichten Automatikwerk ausgestattet, bestehen aus 18-karätigem Gold und haben ein Lederarmband. Diese Serie wurde zu Ehren des Firmengründers Louis Brandt (1825–1879) herausgegeben.

Rolex Perpetual Datejust

DATUM: *Nicht bekannt*
MATERIALIEN: *Edelstahl und Gelbgold mit Saphirglas*
BESONDERHEITEN: *Modell Nr. 16233 mit aufschraubbarer Krone: Ein Klassiker, der auch für Sport geeignet ist.*

Rolex beschränkte sich nicht nur auf die Produktion von Sportuhren und Uhren mit sportlichem Design. 1931 erhielt die Firma ein Patent auf das Rotorprinzip (selbsttätiger Aufzug); diesem verdankte die Firma, daß sie 1945 mit der Rolex *Datejust* die erste Armbanduhr auf den Markt bringen konnte, auf deren Zifferblatt sich ein Fenster mit Datumsanzeige befand. Diese Neuerung wurde noch verbessert, und 1956 kam die *Day-Date* (mit Datum und Wochentagsanzeige) auf den Markt. Die Frage, welche Rolex-Modelle sich am besten zum Sammeln eignen – ob eher die frühen mit »Kissenform« oder eben die *Datejust* – ist nicht leicht zu beantworten. Viele halten Rolex-Uhren für die Krönung der hohen Kunst des Uhrmachens, und selbst unter Nichtsammlern gelten diese Uhren als der Inbegriff des Luxus.

Goldene Rolex Oyster

DATUM: *1927*
MATERIALIEN: *9-karätiges Gold*
BESONDERHEITEN: *Eine der ersten wasserdichten Uhren aus Gold.*

Hans Wilsdorf ist ein Name, der allen Uhrenliebhabern geläufig ist. Er gründete 1905 die Rolex-Uhrenfabrik. 1910 wurde Rolex der erste Chronometer-Gangschein zuerkannt, der je für eine Armbanduhr ausgestellt worden ist. Die Firma arbeitete hart daran, Stabilität und Widerstandsfähigkeit von Armbanduhren zu verbessern, die zu jener Zeit noch sehr anfällig für Schäden durch Staub und Feuchtigkeit waren. 1926 führte die Firma Härtetests mit Uhren durch – so wurde eine Uhr z. B. drei Wochen lang in Wasser gelegt – und 1927 trug Mercedes Glietze beim Durchschwimmen des Ärmelkanals eine Rolex *Oyster,* wodurch die Uhr auf einen Schlag weltberühmt wurde. Was heute selbstverständlich ist – wassergeschützte Uhren –, stellte damals ein Riesenproblem dar, das Rolex schließlich durch die Erfindung der aufschraubbaren Krone löste. Rolex ist auch heute noch für seine Uhren mit garantiertem Wasserschutz berühmt.

Modèle avec Personnages (GZ 100) / Millepattes (GZ 103) / Serpent (GZ 102) / Blanc sur Noir (GZ 104)

DATUM: *1986*

BESONDERHEITEN: *Ultraflaches Werk, nur 2 mm dick*

Ende der 70er Jahre ging es der schweizer Uhrenindustrie schlecht, japanische Quarzuhren überschwemmten den europäischen Markt. Um Paroli bieten zu können, brachte die Swiss Corporation for Microelectronics and Watchmaking Industries Ltd. eine Uhr mit Plastikgehäuse und einem relativ preisgünstigen Uhrwerk auf den Markt. Die erste Swatch – die *Delirium* – war geboren.

Drei Jahre Planung waren nötig, um eine wasserdichte, stoßgesicherte und präzise gehende Uhr aus synthetischen Materialien zu entwickeln, deren Herstellung wenig kostete. Die erste Swatch erschien 1983.

Swatch Jelly Fish

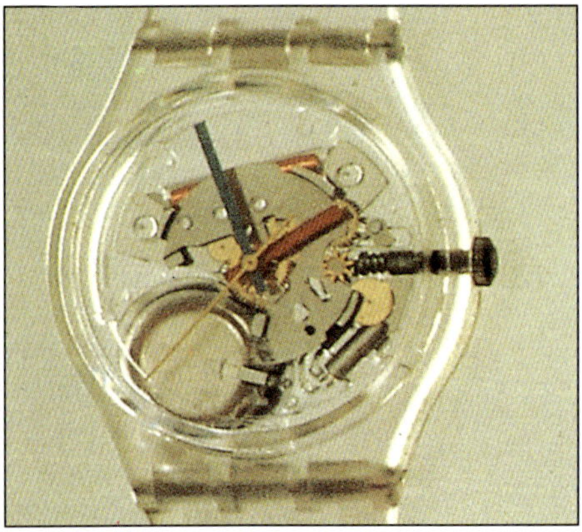

DATUM: *1983*

BESONDERHEITEN: *Eine der ersten Swatch-Specials*

Ab 1984 erhielten alle Swatch-Uhren einen eigenen Namen und eine eigene Nummer; von den ersten Swatch-Specials an waren sie beliebte Sammlerobjekte. Die erste Swatch-Special war die *Jelly Fish* (1983), dicht gefolgt von den *Olympic*-Specials 1984.

Black Puff/Havana Puff/Royal Puff/Petrol Puff/Cardinal Puff

DATUM: *1988*

BESONDERHEITEN: *Diese Serie hieß »Blow your time away«.*

Eine der bemerkenswertesten Specials, aber diesmal als Serie, war die *Puff*-Kollektion, die »Blow your time away« benannt wurde und 1988 als Weihnachtsausgabe erschien. Eine kleine Anekdote mag illustrieren, wie beliebt diese Uhren waren: Als in Covent Garden in London ein Stand aufgestellt wurde, an dem am folgenden Tag 1000 Swatches angeboten werden sollten, standen Fans bereits nachts Schlange – um vier Uhr morgens waren alle ausverkauft.

Neben Weihnachts-Specials gibt es auch Swatch Chronographen, Scuba Swatches, Maxi Swatches, Art Swatches, Swatch Automatics und den »Swatch Musicall« mit integriertem Musik-Weckmechanismus von Jean Michel Jarre.

Viviennes Pop Swatch

DATUM: *1992 Herbst/ Winter PWK 168 Putti*

BESONDERHEITEN: *Diese Uhr wurde von Vivienne Westwood in Auftrag gegeben und entworfen.*

Der Swatch-Sammler hat die Qual der Wahl, denn es wurden und werden nicht nur limitierte Auflagen hergestellt, sondern auch Specials und Einzelanfertigungen, zudem ganze Serien bedeutender zeitgenössischer Künstler wie etwa die Pop Swatch Art-Serie »One more time« von Alfred Hofkunst, die drei Modelle umfaßt. Die erste Künstler-Uhr der Firma (die vor kurzem für eine enorme Summe versteigert wurde) war die Kiki Picasso von 1985. 1986 folgte eine Serie von Keith Haring mit vier Modellen. 1987 wurde die Folon-Serie zusammen mit Tadanori Yokoo herausgegeben, und 1988 kam die Foundation Maeght-Serie in Zusammenarbeit mit Künstlern wie Pol Bury, Valerio Adami und Pierre Alechinsky auf den Markt. Bevor Sie sich jedoch auf die Suche nach solchen schwer erhältlichen Exemplaren machen, sollten Sie vielleicht zunächst Ihre Ziele etwas tiefer stecken und sich auf einige der ersten Einzelanfertigungen konzentrieren.

Zoo Loo, Chicchirichi (GR 112)

DATUM: *1992*

BESONDERHEITEN: *Cartoon-Hähne auf dem Zifferblatt*

Schon von Anfang an war klar, daß die Swatch mehr war als nur eine witzige Uhr. Schweizer Qualitätsarbeit steckte auch in diesen ansprechenden und ausgefallenen Uhren, die jung und alt begeisterten. Sie waren ebenso stabil und verläßlich wie die robusten Sportuhren aus Edelstahl. Wenn Sie sich zum Sammeln von Swatch-Uhren entschließen, treten Sie in eine Fan-Gemeinde von weltweit 130.100 Sammlern ein, die sogar eine eigene Zeitung herausgibt, *The Swatch Journal*, um die Mitglieder der Swatch-Fangemeinde schnellstmöglich mit Neuigkeiten zu versorgen. Mitgliedern werden auch Swatches angeboten, die in Geschäften nicht verkauft werden. Die Firma gibt zudem einen Katalog heraus, um Fans über die vier jährlichen Neuerscheinungen (Frühjahr, Sommer, Herbst und Winter) auf dem Laufenden zu halten.

Jelly Fish Chronometer (GK 100)

DATUM: *1990*

BESONDERHEITEN: *Der mit diesen Uhren ausgehändigte Gangschein erhöht deren Sammlerwert noch mehr.*

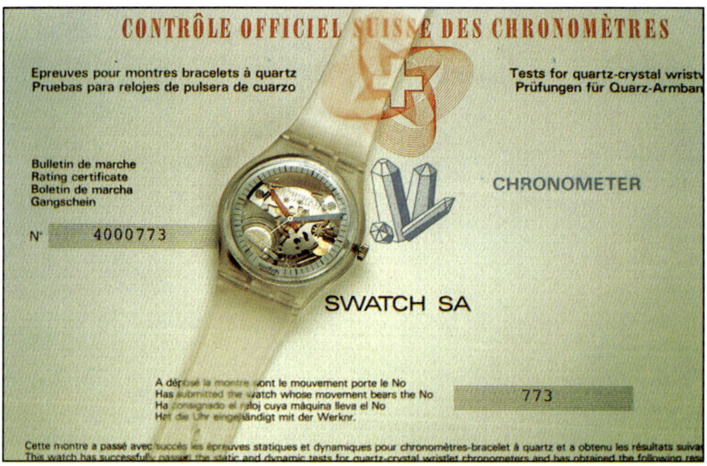

Swatch stellte seine Uhren auf den Prüfstand und produzierte eine Serie von 4843 Swatches, die einen Chronometer-Gangschein bekamen. Zuvor jedoch wurden diese Exemplare einer ganzen Reihe von Tests unterzogen – u. a. mußten sie extreme Kälte, 90 Prozent Luftfeuchtigkeit und einen Tag in einer Vibrationsmaschine überstehen. Da weltweit eben nur 4843 Stück verkauft worden sind, haben solche Exemplare einen hohen Seltenheitswert.

Swatch Chronograph Signal Flag (SCN 101)

DATUM: *1990*

BESONDERHEITEN: *Vier Schrittmotoren in einem normal großen Gehäuse*

1990 erschien der Swatch *Chronograph.* Er enthält ein ausgeklügeltes Uhrwerk mit vier Schrittmotoren, die alle in einem Gehäuse untergebracht sind, das genauso groß ist wie das einer normalen Swatch-Uhr. Ab 1991 wurde diese Uhr auch mit Lederarmband angeboten. Der Swatch *Chronograph* ist mit einer Stoppuhr- und Zwischenmeßzeit-Funktion sowie einem Tachometer zur Geschwindigkeitsmessung ausgestattet. Frühe *Chronographen* sind begehrte Sammlerstücke und sollten in keiner Swatch-Sammlung fehlen. Die *Stop Swatch* wurde noch weiterentwickelt: Bei einmaligem Drücken des Knopfes werden die Zeiger auf zwölf Uhr zurückgestellt, bei zweimaligem wird eine Stoppuhr in Gang gesetzt, die über sechs Stunden läuft.

Christmas Hollywood Dream (GX 116)

DATUM: *1990*

BESONDERHEITEN: *Diese Swatch gehört zu einer Serie von Swatch Specials.*

Die Swatch-Entwickler hatten gewiß nicht beabsichtigt, einen neuen Trend einzuläuten, doch bereits nach Erscheinen der ersten Swatch setzte eine Manie ein, die bis heute nicht abgeklungen ist. Jedes neue Modell, das auf den Markt kommt, wird mit solcher Begeisterung begrüßt, daß in manchen Fällen die Nachfrage das Angebot bei weitem übersteigt. Der Grund dafür ist einleuchtend: Swatch verkauft ein ausgezeichnetes Produkt zu einem erschwinglichen Preis, das Konzept ist brillant und bietet für jeden Geschmack etwas: Jüngeren Käufern gefallen die bunten Farben und der niedrige Preis, die Verläßlichkeit und Präzision der Uhr zieht den Puristen an, und für Sportler gibt es Chronographen und Taucheruhren. Die Swatch hat es geschafft, sich in verschiedensten Bereichen einen Namen zu machen (selbst in der Welt der Kunst dank Specials wie der oben abgebildeten *Hollywood Dream*) und kann heute sogar in Museen hinter Glas besichtigt werden – eine erstaunliche Leistung für eine Uhr, die ursprünglich als billige »Zweituhr« gedacht war.

Galerie der Armbanduhren

Wenn Sie sich mit Armbanduhren erst einmal etwas auskennen, werden Sie Ihrer Sammlung vielleicht ein paar ganz besondere Modelle hinzufügen wollen, z. B. eine *Duoplan* von Jaeger-LeCoultre von 1930, ein schönes Modell von Cartier (wenn Sie bereit sind, viel Geld auszugeben!) oder sogar eine interessante moderne Uhr, beispielsweise eine Swatch, die oft jedoch bereits als limitierte Edition auf den Markt kommt und in den kommenden Jahren für Sammler noch wertvoller und interessanter werden dürfte. Doch egal, in welche Richtung Sie Ihre Sammlung erweitern wollen – auf den folgenden Seiten werden Sie viele Anregungen finden.

Links: Longines Automatic Conquest aus den 60er Jahren. Ihr Mechanismus ist außergewöhnlich, da sich die Anzeige für die Gangreserve in der Mitte des Zifferblattes befindet.

Rechts: Moderne Uhr mit Minutenrepetition von Blancpain aus 18-karätigem Gelbgold. Hinter der äusseren Schlichtheit verbirgt sich ein ausgeklügeltes Uhrwerk.

Oben: Diese Uhr ist mehr als fünfzig Jahre alt, doch das tadellos saubere Uhrwerk beweist, dass der Vorbesitzer seine Uhr sorgfältig behandelt hat und sie eine sichere Geldanlage ist.

Oben: Ist eine Uhr Teil einer limitierten Edition, gibt es normalerweise auf dem Gehäuse einen Hinweis darauf. Dieses Exemplar beispielsweise ist Nr. 15 aus einer Auflage von 300 Stück.

Links und rechts: Zwei automatische Uhrwerke mit Funktionssteinen, die sorgfältig plaziert sind, um ein optimales Gehen der Uhr zu gewährleisten.

Unten: Aufgepasst, wenn Sie durch Geschäfte und Auktionshäuser streifen: In diesem unschuldig aussehenden Armband beispielsweise verbirgt sich eine frühe Rotary-Uhr!

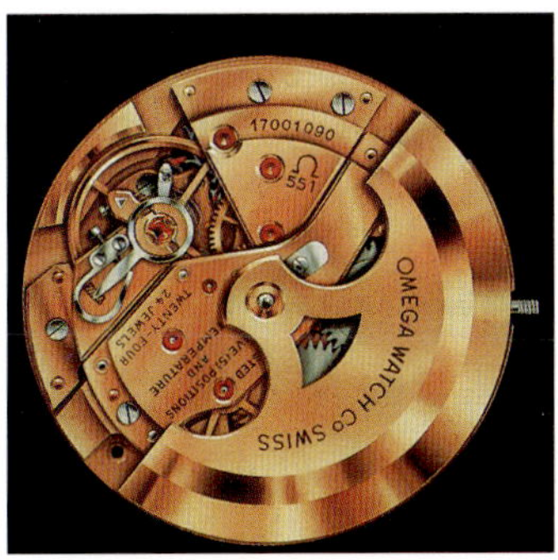

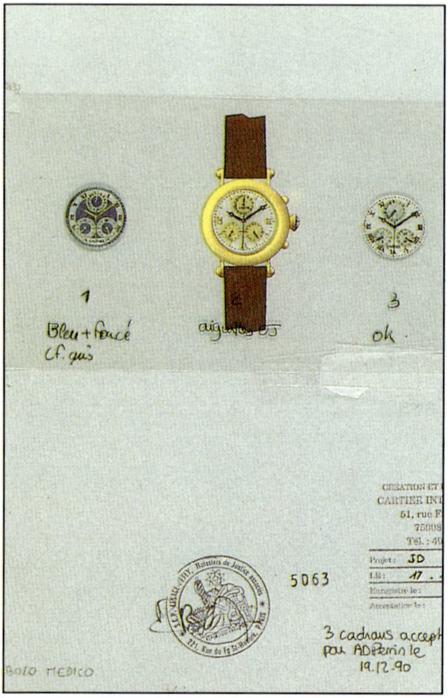

OBEN: Bei grossen Häusern wie Cartier wird jedes Design sorgfältig numeriert und registriert, vom Entwurf bis zum fertigen Exemplar.

UNTEN: Eine der ersten Cartier-Armbanduhren mit Satin-Armband. Um die Zeit abzulesen, musste man den Arm ausstrecken, nicht vor sich halten, wie dies heute üblich ist.

LINKS: Eine »Dress Watch«-Rolex aus 9-karätigem Gold mit Goldarmband aus den 30er Jahren.

OBEN: FRÜHE DAMENARMBANDUHR VON CARTIER MIT EINER PERLENBESETZTEN LÜNETTE. PERLEN SIND AUF UHREN NUR SELTEN ZU FINDEN.

RECHTS: EINE WEITERE FRÜHE DAMENARMBANDUHR VON CARTIER. DAS »SCHNÜRSENKEL«-BAND IST TYPISCH FÜR DIESE ZEIT (ETWA 1926).

OBEN: EINE UHR VON CARTIER MIT KALENDER- UND MONDPHASENANZEIGE SOWIE CHRONOGRAPH.

LINKS: EINE MIDI SIZE-ROLEX OYSTER AUS ROSTFREIEM EDELSTAHL, ETWA 1940–1945. DIESE WASSERDICHTE UHR WURDE 1925 PATENTIERT.

OBEN: GROSSER CHRONOGRAPH (4,2 CM X 4,2 CM) VON LONGINES AUS DEN SPÄTEN 60ERN. MIT DIESEM MODELL KÖNNEN AUCH ZEHNTELSEKUNDEN GEMESSEN WERDEN.

OBEN: OMEGA COSMIC MOONPHASE, 1947:
DIE ERSTE OMEGA KALENDERUHR,
DIE GLEICHZEITIG DIE EXAKTE ZEIT (DATUM, TAG, MONAT)
WIE AUCH DIE MONDPHASE ANZEIGEN KONNTE.

UNTEN: BREITLING AEROSPACE, STANDARDAUSGABE FÜR DIE »RED ARROWS« DER BRITISCHEN RAF. DIESE UHR WURDE AUS DEM RELATIV NEUEN METALL TITANIUM HERGESTELLT.

OBEN: WASSERRESISTENZ IST EIN WICHTIGES KRITERIUM FÜR DIE MEISTEN SPORTLERUHREN. DIESES EXEMPLAR VON TISSOT IST BIS ZU 100 METERN WASSERDICHT.

OBEN: EINE ANZEIGE VON 1933,
IN DER DIE STRAPAZIERFÄHIGKEIT VON OMEGA-SPORTLERUHREN HERVORGEHOBEN WIRD.

OBEN: »DIE FARBEN DER ZEIT« VON ARMAN, EINE LIMITIERTE AUSGABE VON MOVADO 1990.

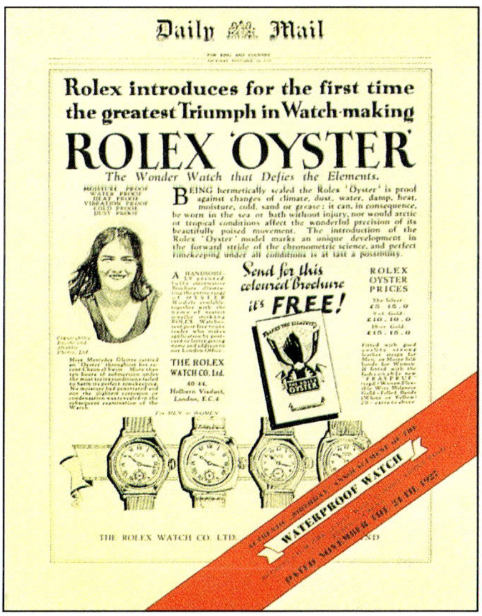

Daily Mail

Rolex introduces for the first time the greatest Triumph in Watch-making

ROLEX 'OYSTER'

The Wonder Watch that Defies the Elements.

BEING hermetically sealed the Rolex 'Oyster' is proof against changes of climate, dust, water, damp, heat, moisture, cold, sand or grease; it can, in consequence, be worn in the sea or bath without injury, nor would arctic or tropical conditions affect the wonderful precision of its beautifully poised movement. The introduction of the Rolex 'Oyster' model marks an unique development in the forward stride of the chronometric science, and perfect timekeeping under all conditions is at last a possibility.

Send for this coloured Brochure it's FREE!

ROLEX OYSTER PRICES

THE ROLEX WATCH CO. Ltd.
40-44,
Holborn Viaduct,
London, E.C.4

WATERPROOF WATCH

THE ROLEX WATCH CO. LTD.

OBEN: EINE GANZSEITIGE ANZEIGE FÜR DIE ROLEX OYSTER AUF DEM TITELBLATT DER »DAILY MAIL«.

RECHTS: EIN VON ROY LICHTENSTEIN INSPIRIERTES DESIGN VON JEAN LASSALE. DAS GEHÄUSE BESTEHT AUS 18-KARÄTIGEM GOLD, AUF DEM ZIFFERBLATT IST EIN GOLFBALL (EIN FRÜHES WERK VON LICHTENSTEIN) EINGRAVIERT.

Oben: Moderne Dunhill-Armbanduhr. Das Design lässt das wiedererwachte Interesse am klassischen Stil erkennen.

Oben: Eine Duoplan von Jaeger-LeCoultre, 1930. Ihre Präzision ist selbst heute noch aussergewöhnlich.

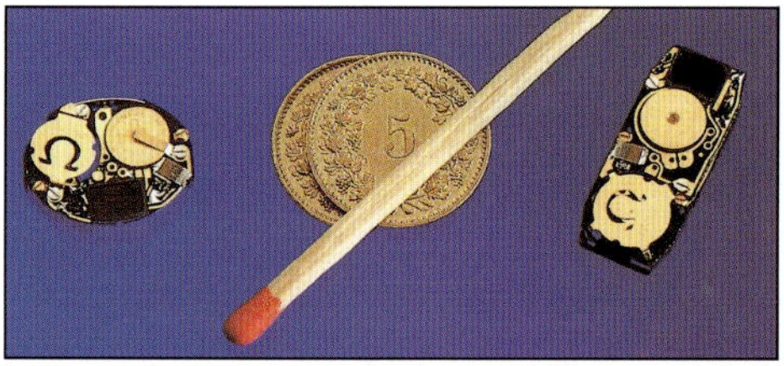

Links: So winzige Uhrwerke wie bei diesen beiden Omega-Uhren (Baguette rechts, oval links) konnten nur mit Hilfe der Quarztechnologie geschaffen werden.

Links: Richtig interessant wird eine Uhr erst, wenn Design, Mechanik und Geschichte stimmen. Rechts eine seltene Omega Antimagnetic von 1925 mit Breguet-Stundenzeigern, links ein Chronograph von 1940 mit einer aussergewöhnlichen Farbgestaltung des Zifferblattes, damit sich die verschiedenen Funktionen besser voneinander abheben.

Links: Omega Sapphette, 1955. Ihren Namen verdankt diese Uhr dem Kristallglas, das wie ein Diamant geschliffen und aus einem speziellen Saphir geschnitten ist.

Oben: Die Memovox war solch ein Erfolg, dass Jaeger-LeCoultre das Design bis in die 60er Jahre beibehielt. Dieses Exemplar ist mit Handaufzug ausgestattet und stammt aus dem Jahr 1964.

Links: Diese frühen Dunhills zeugen von der Beliebtheit rechteckiger Gehäuse in der ersten Hälfte unseres Jahrhunderts.

Oben: »One more time«: GU (H) RKE PWZ 100. Bonju (H) R PWZ 101 und die Verdu (H) RA PWZ 102, Pop Swatch Art, 1991.

Mitte: 5700 Jahre Schweizerische Eidgenossenschaft, Flack (GZ 117) von Niklaus Troxler, Swatch Art, 1991.

Rechts: Yuri (GG 118), Igorts Swatch, 1992, Herbst/ Winter.

OBEN: IN DER MITTE ZWEI SWATCHES, DIE SDK 100 DEEP BLUE SDN 400 BORA BORA UND DIE SWATCH SCUBA 200, 1990/1991.

OBEN: TADANORI YOKOO (GZ 107, RORRIM 5), SWATCH ART, 1987.

RECHTS: 700 JAHRE SCHWEIZERISCHE EIDGENOSSENSCHAFT, 360 GRAD (GZ 119) VON ROSSO SU BLACKOUT, SWATCH ART, 1991.

OBEN: FOUNDATION MAEGHT-KOLLEKTION: GZ 110 VON POLBURY, GZ III VALERIO ADAMI UND GZ 401 VON PIERRE ALECHINSKY, SWATCH ART, 1988.

UNTEN: SWATCH CHRONOGRAPH VON 1990. DIESES MODELL WAR KURZ NACH SEINEM ERSCHEINEN BEREITS AUSVERKAUFT.

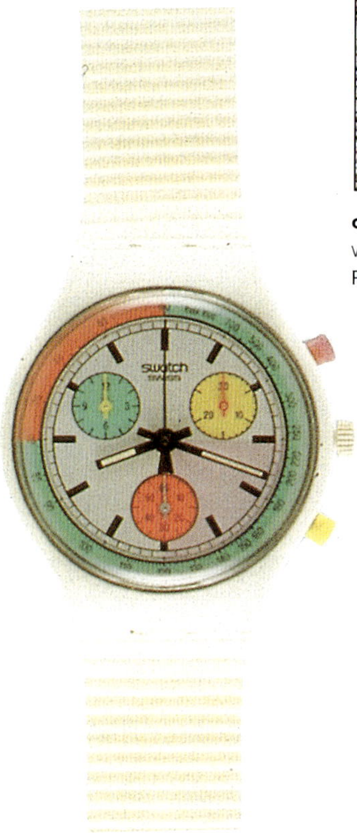

OBEN: LADY LIMELIGHT UND SIR LIMELIGHT (LB 110 UND GB 106), 1985.

OBEN: SWATCH CHRONOGRAPHEN VON 1990/91:
1 SANDSTORM (SCB 104)
2 SKIPPER (SCN 100)
3 SKATE BIKE (SCB 105)

TIPS FÜR SAMMLER

Wenn Sie an einer Auktion teilnehmen und bei einer bestimmten Uhr mitbieten, merken Sie schnell, daß Sie sich nicht alleine für dieses Stück interessieren. Lassen Sie sich nicht dazu verleiten, mehr zu bieten, als Sie sich vorgenommen haben! Bedenken Sie auch, daß zur Versteigerungssumme noch die Taxe des Auktionshauses (die meist zwischen 10 und 15 Prozent liegt) hinzukommt und in vielen Ländern zudem Steuern erhoben werden. Behalten Sie dies immer im Hinterkopf, damit Sie keine unangenehme Überraschung erleben, wenn es ans Bezahlen des neu erworbenen Stückes geht.

Sicherlich wollen Sie Ihre Sammlung abwechslungsreich gestalten. Viele Händler bieten an, Uhren in Zahlung zu nehmen. Stellen Sie also fest, daß eine Armbanduhr, aus welchen Gründen auch immer, nicht mehr in Ihre Sammlung paßt, können Sie sie eventuell gegen eine andere Uhr in Zahlung geben.

WAS SIE BEACHTEN SOLLTEN

Haben Sie sich einmal zum Kauf entschieden, sollten Sie noch auf einige Dinge achten, bevor Sie eine gebrauchte Uhr erstehen: Wollen Sie die Uhr tragen, muß diese noch in der Lage sein, die Zeit anzuzeigen; sonst muß sie repariert bzw. gereinigt werden. Bei einer Quarzuhr muß oft nur die Batterie ersetzt werden, aber die Kosten für Reinigen und Überholen der Uhr sollten beim Kauf eingeplant sein.

OBEN: BESONDERS INTERESSANT SIND DIESE LONGINES-UHREN DURCH DIE DREHBARE LÜNETTE, MIT DER SICH DIE ZEIT EXAKT MESSEN LÄSST.

Ist eine mechanische Uhr nicht funktionstüchtig, kann es dafür zahlreiche Gründe geben. Wenn die Uhr aufgezogen wird und ein Ticken zu hören ist, sich die Zeiger aber nicht bewegen, dann sind sie vermutlich nicht mehr mit dem Zeigerräderwerk verbunden.

Wenn kein Ticken zu hören ist, die Uhr sich nicht aufziehen läßt oder beim Aufziehen ein »mahlendes« Geräusch hörbar wird, dann ist die Lage ernst und Sie sollten die möglichen

Reparaturkosten mit einkalkulieren, bevor Sie sich zum Kauf entscheiden.

WICHTIG: DIE DOKUMENTATION

Beim Kauf einer neuen Uhr sollten Sie darauf bestehen, daß Sie die Originalverpackung, eine gültige Garantiekarte sowie eine komplette Gebrauchsanweisung für die Armbanduhr erhalten (es sei denn, die Bedienung der Uhr ist sehr einfach). Steht das Wort »Chronometer« auf dem Zifferblatt, fragen Sie nach dem Gangschein, den jeder Chronometer erhält, der die strengen Chronometer-Testverfahren bestanden hat.

Kaufen Sie eine gebrauchte Uhr, denken Sie daran, daß eine umfangreiche Dokumentation zum Wert der Uhr beiträgt – je nachdem, wie wertvoll oder selten sie ist. Die Originalgarantie mit dem Stempel des Original-Verkäufers zusammen mit der dazugehörenden Originalverpackung können den Preis eines Exemplars erheblich in die Höhe treiben.

Doch egal, ob alt oder neu – achten Sie auf den Unterschied zwischen einer limitierten Edition und einer Spezial-Ausgabe. Im Prinzip lassen sich beide leicht auseinanderhalten. Als Teil einer limitierten Edition, die meist nur in geringer Stückzahl hergestellt wird, trägt jede Uhr eine Fertigungsnummer, da jede einzelne ein Unikat ist. Bei einer Spezial-Ausgabe handelt es sich fast immer um eine Kollektion, die anläßlich einer denkwürdigen Begebenheit oder eines bestimmten Sportereignisses auf den Markt gebracht wird. Diese Uhren haben keine Seriennummer, können jedoch auf der Rückseite des Gehäuses einen Vermerk über Anlaß und Datum dieser Sonderausgabe tragen.

AUFBEWAHRUNG UND PFLEGE

Legen Sie die Armbanduhren auf ein zusammengerolltes weiches Tuch oder säurefreies Seidenpapier, wenn die Originalverpackung fehlt.

Entfernen Sie leere Batterien aus Quarzuhren, und lassen Sie mechanische Uhren umgehend reparieren, wenn sie nicht mehr gehen. Suchen Sie sich schon ganz am Anfang Ihrer Sammlerkarriere einen guten Uhrmacher und sehen Sie ihm bei der Arbeit zu – Sie werden eine Menge dabei lernen!

Von Zeit zu Zeit müssen Uhren gereinigt werden. Beschränken Sie sich dabei auf das Äußere der Uhren, wenn Sie keine Fachkenntnisse besitzen. Versuchen Sie in diesem Fall nie, das Uhrwerk selbst zu reinigen, zu ölen oder einzustellen, und wechseln Sie auch keine Batterien selbst. Überlassen Sie alles, was mit dem Innenleben der Uhr zu tun hat, dem professionellen Uhrmacher! Zur äußeren Reinigung von Metallteilen können Sie ein weiches Tuch verwenden, für Silberteile ein imprägniertes Tuch. Für vergoldete Flächen oder vergoldetes Silber nie ein Lösungsmittel nehmen! Ist eine Uhr garantiert wasserdicht, können Sie die Metallteile auch mit Seifenwasser reinigen und anschließend mit einem weichen, nicht fusselnden Tuch trocknen.

AUF SCHÄDEN UNTERSUCHEN

Untersuchen Sie die Uhr mit einem Vergrößerungsglas. Vergessen Sie nicht, sich das Leder- oder Metallband anzusehen, wenn Sie die Uhr tragen wollen; sie wird nicht lange an Ihrem Handgelenk sitzen, wenn die Bügel verbogen oder die Nähte ausgefranst sind.

Armbänder werden aus unterschiedlichen Ledersorten hergestellt. Bei einer gebrauchten Uhr werden Sie wohl nur noch selten das Original-Lederarmband finden. Je eleganter die Uhr, desto besser war ursprünglich auch die Qualität des Leders. Doch egal, ob Schweins-, Straußen-, Kalbs-, Krokodil- oder Eidechsenleder – je öfter man das Lederband Wasser aussetzt, desto schneller wird es mürbe (mit Ausnahme von Haihaut, die relativ wasserbeständig ist), und je öfter man die Uhr tragen will, desto stabiler muß das Band sein. Wird die Uhr oft beim Sport getragen, empfiehlt sich auf jeden Fall ein Metallarmband.

Dabei sollte man vor allem auf die Dehnbarkeit achten. Sitzen die Glieder zu weit auseinander und hat das Band zu großen »Spielraum«, sollten Sie das Armband von einem Fachmann untersuchen lassen. Bei Goldarmbändern sind die Verbindungsstücke zwischen den Gliedern oft ausgeleiert oder verbogen.

Eine Uhr mit maschinell gefertigtem Goldarmband ist billiger als eine mit handgefertigtem Gliederarmband. Bei maschinengefertigten Armbändern kann nach jahrelangem Tragen das Gold splittern, doch ein guter Goldschmied kann es wieder reparieren.

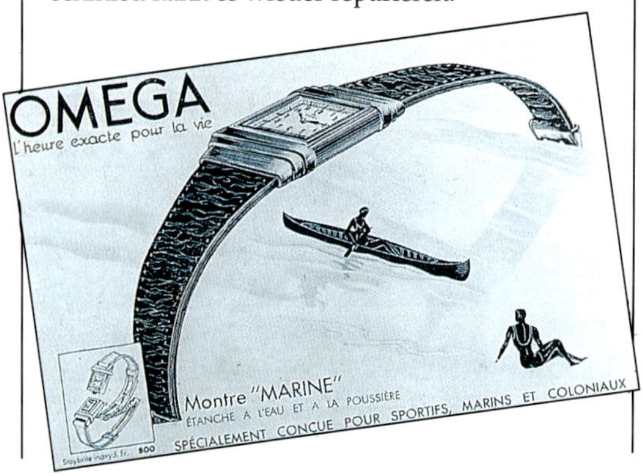

SAMMELGEBIETE

Armbanduhren mit Weckmechanismus
Autouhren
Kunstuhren, z. B. Art Deco
Designer-Armbanduhren
Frühe Digitaluhren
Schmuckuhren
Armbanduhren aus limitierten Editionen
Mechanische Armbanduhren
Militär-Armbanduhren
Mysterieuse-Armbanduhren
Novitäten
Reversos
Skelettierte Armbanduhren
Sportler- und Freizeit- Armbanduhren
Swatches
In Schmuckbänder integrierte Uhren
Weltzeit-Uhren

WEITERE SAMMLER-TIPS

Ein Sammlungsarchiv anlegen

Sie sollten über jedes Stück Ihrer Sammlung eine eigene Akte anlegen – mit Foto, Datum und Ort des Kaufes, wichtigen Serien- und Modellnummern und Informationen über ähnliche Stücke. Das Foto wird Ihnen von unschätzbarem Wert sein, wenn Sie die ganze oder einen Teil der Sammlung versichern wollen; die Seriennummern können zu Rate gezogen werden, wenn man die Herkunft feststellen will. In der Akte sollten auch Original-Garantien und Chronometer-Gangscheine des Herstellers nicht fehlen.

Links: Zeichen der Zeit – in dieser Anzeige für eine Omega-Sportleruhr von 1930 wurde die Uhr als besonders geeignet für Sportler, Segler und »Kolonisten« gepriesen.

Mehr über Armbanduhren lernen

Neben Büchern gibt es auch Fachzeitschriften und Kataloge für Sammler, die detaillierte Informationen über Uhren geben. Vergessen Sie beim Besuch eines Uhrenhändlers nicht, nach dem neuesten Katalog der Marken zu fragen, die Sie interessieren. Aus einer kleinen, gut sortierten Fachbibliothek können Sie bereits viel Wissenswertes erfahren, so etwa über Neuerscheinungen, historische Fakten, technische Verbesserungen etc. Sie können nach einer Auktion auch beim Auktionshaus den jeweiligen Katalog mit den erzielten Preisen kaufen; so sind Sie immer auf dem neuesten Stand und wissen, welchen Wert Ihre eigene Sammlung bereits hat.

Themensammlungen

Eine »frische« Armbanduhrensammlung vereinigt oft eine bunte Mischung verschiedener Stile, Hersteller und Themen. Doch wenn Ihre Sammlung und Ihr Fachwissen langsam wachsen und Sie wissen, was Sie haben wollen und was nicht, gehen Sie vermutlich bei Ihren Käufen gezielter vor. Bestimmte Themen werden also für Sie interessanter, so daß Sie Ihre Sammlung gezielt danach ausrichten. Die Themenvielfalt ist unendlich groß – wählen Sie nach Herzenslust.

Armbanduhren für Kinder

Eine interessante – und relativ günstige – Sammlung könnte aus Novitäten und Kinderuhren bestehen. Die erste Uhr, die speziell für Kinder gedacht war, wurde 1933 von Ingersoll hergestellt; auf ihrem Zifferblatt tanzte Micky Maus. Inzwischen wird ein breites Spektrum an Figuren und Designs angeboten.

Oben: Dinotime- und Fantasea-Armbanduhren für Kinder von Flik-Flak. Die Uhren sind wasserdicht, werden aus recycelten Materialien hergestellt und haben ein ansprechendes Design.

Einige Kollektionen von Flik-Flak eignen sich hervorragend für eine Sammlung. So gibt es Flik-Flak-Lernuhren für kleine Kinder, des weiteren eine große Auswahl an Modellen mit Figuren, von Dinosauriern bis zu Seepferdchen. Die Uhren werden aus recyceltem Aluminium hergestellt, haben ein Leinenarmband und können sogar bei 40 °C gewaschen werden!

Auf dem Markt ist auch eine große Auswahl an Figuren-Uhren, auf denen bekannte Gesichter aus Comics, Cartoons, beliebten Fernsehshows, Filmen und Computerspielen abgebildet sind. Interessant wäre eine Sammlung, die im Laufe der Jahre auftretende Veränderungen im Äußeren einer beliebten Comicfigur zum Thema hat.

Vergessen Sie nicht, daß Kinder liebevolle Sammler sind. Heute gibt es viele moderne Armbanduhren in leuchtenden Farben, die auch für junge Enthusiasten erschwinglich sind. Es macht Spaß, eine Sammlung zu pflegen und zu erweitern. Kinder lieben ja auch Tauschgeschäfte, was nützlich sein kann, wenn das Taschengeld knapp wird!

Glossar

ANALOG – (Bedeutet: »entsprechend«); Zeitanzeige durch Zeiger auf einem Zifferblatt. Begriff aus der Elektronik, der seit Einführung der Quarzuhren auch in der Uhrenindustrie verwendet wird.

ANTIMAGNETISCHE UHR – Uhr, die gegen magnetische Störungen geschützt ist. Quarzuhren werden durch Magnetismus nicht beeinflußt.

ARABISCHE ZAHLEN – 0, 1, 2, 3, 4, 5, 6, 7, 8, 9. Haben ihren Ursprung in Indien, wurden von den Arabern ca. 1000 v. Chr. nach Europa gebracht.

AUFGESETZTE ZIFFERN – (Erhöhte) Zahlen, die auf dem Zifferblatt angebracht sind.

AUTOMATIK-UHR – Mechanische Uhr mit einer Hauptfeder, die sich durch die Bewegungen des Trägers mittels eines Rotors selbsttätig aufzieht. Das Rotor-Prinzip wurde im 18. Jh. von Abraham-Louis Perrelet entwickelt. Breguet nannte seinen selbsttätigen Aufzug »Perpetuelle«.

BAGUETTEWERK (Stabwerk) – rechteckiger Antriebsmechanismus, mindestens dreimal so lang wie breit. Beliebte Form für Art Deco-Uhren.

BREGUET-ZEIGER (Mondzeiger) – Bei dem von Breguet entworfenen Stabzeiger endet die sich leicht verjüngende Zeigernadel in einem Ring mit aufgesetzter Spitze.

BÜGEL – Die Teile am Uhrengehäuse, an denen das Band oder Schmuckarmband befestigt wird.

CABOCHON-KRONE – Krone, die mit einem Schmuckstein besetzt ist.

CHRONOGRAPH – Eine Uhr, in der zusätzlich eine Stoppuhr untergebracht ist. Am häufigsten findet man Modelle mit zwei Drückern (der obere zum Starten und Stoppen der Zeitmessung, der untere zum Nullstellen. Es gibt auch Chronographen mit 12-Stunden-Stoppuhr und Mondphasenanzeiger oder Stoppuhren mit zwei Zeigern für die Messung von vollen Sekunden und von Bruchteilen von Sekunden.

CHRONOGRAPH MIT EXTRA-STOPPUHR – Hier ist die Stoppuhr auf einem Hilfszifferblatt untergebracht und funktioniert unabhängig von der normalen Uhr.

CHRONOMETER – Präzisionsuhr, deren Ganggenauigkeit nach strengen Prüfungen mit standardisierten Meßverfahren in einem offiziellen (meist schweizer) Observatorium (z. B. in Neuchâtel) durch einen »Gangschein« bestätigt wurde.

DOKTOR-ARMBANDUHR – Auch Duoplan– oder Duodial-Uhr genannt, da das Zifferblatt zweigeteilt ist: ein Zifferblatt ist der Sekundenindikation vorbehalten, so daß sich leicht der Puls messen läßt.

DRÜCKER – Bekannt als Krone. Der Begriff wird manchmal für Chronographen verwendet.

EWIGER KALENDER – Kalendermechanismus, der langfristig das korrekte Datum anzeigt, ohne daß manuell berichtigt werden muß. Angleichungen mittels Berechnungen für Unregelmäßigkeiten im Gregorianischen Kalender reichen nur bis zum 28. Februar 2100; da dies aber kein Schaltjahr ist, werden wohl bei allen Uhren (außer denen mit hochkomplizierter Technik) manuelle Korrekturen erforderlich sein, ebenfalls in den Jahren 2200, 2300, 2500, 2600 und 2700, die auch keine Schaltjahre sind.

FALTSCHLIESSE – Zwei mit einem Scharnier verbundene Gelenke aus Metall am Armband. Beim Schließen falten sich die beiden Gelenke übereinander. 1910 von Cartier erfunden.

FEDERGEHÄUSE – Rundes Behältnis, in dem die Hauptfeder liegt; die Feder wird gespannt und liefert über die Außenverzahnung des Federhauses die Antriebskraft für das Uhrwerk.

FORMUHR – Jede Uhr mit ungewöhnlicher Form.

GEHÄUSE (Haus) – Darin sind Uhrwerk, Zifferblatt und Glas untergebracht.

GEHWERK (Uhrwerk) – Der komplette Antriebsmechanismus einer Uhr, der aus 120 bis über 600 Einzelteilen bestehen kann.

GOLD – Edelmetall, als Gelb-, Rot- oder Weißgold erhältlich; für Gehäuse und Armbänder.

HILFSZIFFERBLATT – Ein kleines Zifferblatt, das zusätzliche Indikationen wie z. B. Sekunden gibt; meist in Höhe der Sechs angebracht.

INTEGRIERTES ARMBAND – Das Gehäuse der Uhr ist in das Armband integriert.

INTEGRIERTE KRONE – Flache Krone, die auf der Gehäuserückseite montiert bzw. in diese eingelassen ist und zum Aufziehen der Uhr dient.

KALIBER – Früher Bezeichnung für die Uhrwerksgröße, heute oft für Werktypen verwendet, meist zusammen mit dem Herstellernamen. Aus dem Lateinischen *qua libra?* (welches Gewicht?) oder dem Arabischen *kalib* (Form, Modell, Umfang).

KARAT (K) – Maßeinheit, mit der die Reinheit des Goldes bezeichnet wird. Reines Gold hat 24 Karat. Mit 18 Karat wird eine Goldlegierung bezeichnet, die zu 18/24 aus Gold besteht, 14 Karat besteht zu 14/24 aus Gold etc. Auch als Gewichtsmaß für Edelsteine verwendet.

KOMPLIKATIONEN – Uhrenfunktionen, die über die Zeitanzeige hinausgehen, z. B. Kalender-, Chronographen-, Mondphasen-, Datums-, Repetitions- oder Selbstaufzugsfunktion.

KRONE – Knopf am Außengehäuse, mit dessen Hilfe sich die Uhr aufziehen und stellen läßt.

KRISTALLDECKEL – Durchsichtiger Uhrdeckel (aus Glas, Plastik, synthetischem Saphir oder Quarzkristall), der in den Rahmen eingesetzt wird. Plastik zerkratzt leicht, Glas (in Uhren vor 1940 gebräuchlich) ist zerbrechlich, Saphirglas ist kratzfest.

LÜNETTE – Einfassung, in die der Uhrdeckel aus Glas (Kristall) eingesetzt wird.

MINUTENREPETITION – Funktion, bei der die Uhrzeit akustisch angezeigt wird.

MITTLERE SONNENZEIT – Durchschnittslänge aller Sonnentage im Jahr. Diese Zeit wird in der Regel von Uhren angezeigt.

MONATSANZEIGE – Ausgeschnittene Öffnung (Fenster) bei einer mechanischen Digitaluhr, die den aktuellen Monat (oft abgekürzt) anzeigt.

MONDPHASENUHR – Eine Uhr, die während 29,5 Tagen die Mondphasen anzeigt (oft ist eine automatische Korrekturvorrichtung integriert, durch die 44 Minuten im Monat hinzugefügt werden).

PAVÉ – Bedeutet wörtlich »gepflastert«; oft wird ein Zifferblatt vollständig mit Edelsteinen besetzt, dann spricht man von »Pavé-Fassung«.

PERPETUELLE – Automatische Uhr mit selbsttätigem Aufzug (siehe auch: Automatikuhr).

PLATIN – Wertvolles, silberfarbenes Metall, das schwerer als Gold ist. Wird sowohl zu Gehäusen als auch zu Schmuckbändern verarbeitet.

QUARZ (Siliciumdioxid) – Quarzkristalle können durch elektronische Stimulierung in Schwingungen versetzt werden, die sehr konstant sind.

RÖMISCHE ZAHLEN – Neben den arabischen Zahlen die am häufigsten verwendeten auf Zifferblättern. Die IV wird oft als IIII geschrieben!

ROTOR – Bei Automatikuhren zieht der Rotor die Zugfeder auf, bei Quarzuhren dient ein sich drehender Magnet als Schwingmasse im Schrittschaltmotor.

RUBIN – Heute werden bei der Uhrenherstellung als Funktionssteine meist nur noch synthetische Rubine (Corundum) verwendet, um an bestimmten Lagerzapfen der Wellen die Reibung zu mindern.

SAPHIR – Die kratzfesten Glasdeckel werden aus synthetischen Saphiren hergestellt.

SIGNATUR AUF DEM UHRWERK – Ein Hersteller signiert in der Regel sein Gehwerk, da bei vielen Uhren die Werke nicht von der Uhrenfirma stammen, deren Name auf dem Zifferblatt steht.

SKELETT-ARMBANDUHR (Skelettierte Uhr) – Bei einer Skelettuhr ist das Zifferblatt auf einen Ring reduziert, so daß Gehwerk und Federn im Innern sichtbar sind. Die Platte auf der Gehäuserückseite ist ebenfalls ausgeschnitten und verglast.

STABMARKIERUNG – Einfache Striche für Stunden und Minuten auf dem Zifferblatt.

STEINE – Werden eingesetzt, wo die Reibung im Uhrwerk am größten ist, um den Verschleiß zu verringern. Eine mechanische Armbanduhr verfügt oft über 18 Steine. Früher wurden echte Rubine und Saphire verwendet, heute meist synthetische Steine.

STIFT – Das Verbindungsstück zwischen dem Aufziehmechanismus und der Krone am Äußeren des Gehäuses.

STIMMGABELUHR – Hier wird als Gangregler eine elektrisch durch Magnete in Schwingung versetzte Stimmgabel mit 360 Eigenschwingungen je Sekunde verwendet. Die hohe Frequenz sorgt für eine gleichmäßige Drehbewegung und große Präzision. Die *Accutron* von Bulova war die bekannteste Uhr mit diesem Mechanismus, wurde jedoch bald von der Quarzuhr abgelöst.

STOSSGESICHERTE UHREN – Eine Uhr gilt als stoßgesichert (shock-proof oder shock-resistent), wenn sie nach einem Fall aus 1 m Höhe auf eine harte Oberfläche nicht stehenbleibt oder am Tag mehr als 60 Sekunden nachgeht.

»SWISS MADE« – Eine gesetzlich geschützte Herkunftsbezeichnung. Per Gesetz legte die schweizer Regierung am 23. Dezember 1971 fest, daß diese Bezeichnung nur verwendet werden darf, **a)** wenn mindestens 50 % der Teile in der Schweiz gefertigt wurden (nur der Wert der Teile selbst ist relevant, nicht die Fertigungskosten), **b)** wenn die Uhr in der Schweiz zusammengebaut wurde, **c)** wenn die Uhr in der Schweiz von ihrem Hersteller erstmals in Betrieb genommen und eingestellt wurde oder **d)** wenn die Uhr regelmäßig einer Wartung in der Schweiz unterzogen wird.

TACHOMETER – Geschwindigkeitsmesser oder Drehzahlmesser auf der Lünette.

TANK-GEHÄUSE – Heute gebräuchliche Bezeichnung für rechteckige Gehäuse. Die Tank-Uhr wurde von Cartier entwickelt.

TAUCHER-ARMBANDUHR – Wassergeschützte bzw. wasserdichte Uhr.

TONNEAU (Tonne) – Gehäuse, das in der Mitte breit ist und sich nach beiden Seiten hin verjüngt wie eine Tonne.

TOURBILLON – Ein kleiner, sich im Uhrwerk drehender Tisch, der die Unruh trägt und die Ganggenauigkeit mechanischer Uhren verbessert, da Lagerfehler ausgeglichen und die einseitige Abnützung der Unruh verhindert werden. Erfindung von Breguet.

TRITIUM – Leuchtfarbe, die für Zifferblätter, Zeiger und Zahlen verwendet wird.

UNRUH – Taktgebendes Schwungrad in mechanischen Uhren, das sich um eine Rotationsachse dreht, wobei die Unruhfeder regelmäßig vor- und zurückschwingt (daher das »Tick-Tack«). Unruhen in modernen Armbanduhren haben eine Taktrate von bis zu zehn Schlägen pro Sekunde.

UNRUHSTOPP-VORRICHTUNG – Hält bei gezogener Krone die Unruh an, was eine sekundengenaue Einstellung der Uhr erlaubt.

VIERTELREPETITION – Akustische Anzeige von Stunden und Viertelstunden.

WALZGOLD – Eine hauchdünne Schicht heißes Gold wird auf ein anderes Metall aufgetragen; auf Uhrengehäusen meist ein doppelter Auftrag.

WASSERGESCHÜTZT (waterresistent) oder wasserdicht (waterproof) – Wasserdichte Uhren müssen dem Wasserdruck in einer Tiefe von 1 m 30 Min. lang standhalten können und anschließend 90 Sek. lang dem in 20 m Tiefe. Ausgesprochene Taucheruhren müssen noch größeren Druckbelastungen gewachsen sein.

WELTZEIT-UHR – Eine Uhr, auf der die Zeit von jeder beliebigen Zeitzone oder Stadt abzulesen ist; je nach Modell können dafür verschiedene Anzeigen verwendet werden.

ZENTRALSEKUNDE – Dies ist ein zweiter Sekundenzeiger, der im Zentrum befestigt ist.

ZIFFERBLATT – Die Vorderseite der Uhr, auf der die Stunden, Minuten und Sekunden angezeigt werden. Kleinere, zusätzliche Zifferblätter werden Hilfszifferblätter genannt.

ZUGFEDER (Hauptfeder) – Eine flache Feder, die im Federhaus untergebracht ist.

Weitere Informationen und Adressen

GROSSBRITANNIEN

The Antiquarian Horological Society
New House, High Street, Ticehurst,
East Sussex TN5 7AL

Bonhams, Auctioneers
Montpelier Street, Knightsbridge,
London SW7 1HH

British Horological Institute
Upton Hall, Upton, Newark,
Nottinghamshire NG23 5TE

Christie's Auctioneers
8 King Street, St. James, London SW1Y 6QT

Philips, Auctioneers, Blenstock House,
7 Blenheim Street, New Bond Street,
London W1Y 0AS

Sotheby's, Auctioneers, 34-35 New Bond
Street, London W1A 2AA

International Watch Magazine
Hyde Park, 5 Manfred Road,
London SW15 2 RS

SCHWEIZ

Christie's, Auctioneers,
8 Place de la Taconnerie
1204 Genf

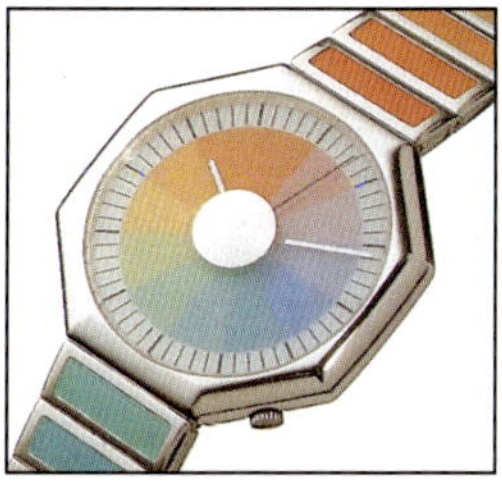

Musée d'Horlogerie
Chateau des Monts
CH-2400 Le Lod

Musée d'Horlogerie et de l'Emaillerie
Route de Malagnou 15
1208 Genf
Musée International d'Horlogerie
Rue des Musées 29
La Chaux-de-Fonds

Sotheby's, Auctioneers,
13 Quai de Mont-Blanc
CH-1201 Genf

Swiss Watch and Jewelry Journal,
International Edition
25, Chemin du Creux-de-Corsy

USA

Christie's Auctioneers
502 Park Avenue, New York NY 10022

National Association of Watch and Clock
Collectors Inc.
514 Poplar Street, Columbia, PA 17512-2130

Sotheby's, Auctioneers,
1334 York Avenue, New York NY 10021

The Time Museum
7801 East State Street, PO Box 5285,
Rockford, Ill. 61125-0285

DEUTSCHLAND

Christie's Deutschland GmbH
Residenzstr. 27
München

Sotheby's Deutschland GmbH
Odeonsplatz 16
München

Eine Chronologie der Armbanduhren-Entwicklung

19. Jahrhundert

1838
Louis Audemars erfindet den Kronenaufzug

1868

Patek Phillipe stellt die erste Armbanduhr her

1871
Aaros Dennison von der International Watch Company (IWC) entwickelt das wasserdicht verschraubte Uhrengehäuse

1880
Girard-Perregaux beliefert die Kriegsmarine von Österreich mit der ersten Serien-Armbanduhr

1888
Cartier bringt eine Damen-Armbanduhr mit Diamanten und Goldarmband heraus

1900-1909

1902

Die erste Omega–Armbanduhr wird hergestellt

1902
93.000 Armbanduhren werden in Deutschland verkauft

1903
Louis Brandt, der Gründer von Omega, stirbt

1904
Eine der berühmtesten frühen Armbanduhren wird hergestellt: die *Santos-Dumont* von Cartier

1910-1919

1910
Logines nimmt die Armbanduhren-Produktion auf

1911
Die Santos-Dumont – Uhr kommt heraus

1912
Movado produziert eine Militär-Armbanduhr mit Schutzgitter

1914
Die erste Armbanduhr mit Wecker wird von Eterna hergestellt

1917
Das britische Royal Flying Corps erhält Uhren von Omega

1918
Omega stattet die US-Army mit Armbanduhren aus

1920-1929

1920

Audemars Piguet stellt die kleinste Uhr mit Minutenrepetition her

1923
John Harwood entwickelt die erste automatische Armbanduhr (der Prototyp wird von Blancplain hergestellt)

1925
Patek Philippe stellt die erste Armbanduhr mit einem ewigen Kalender her

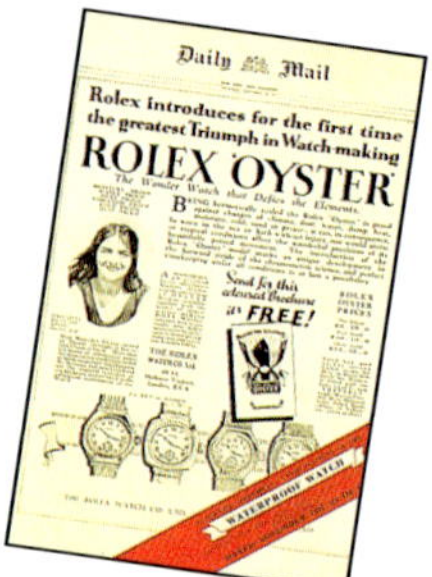

1927
Die erste wasserdichte Rolex Oyster wird produziert

1930-1939

1930
Das bis heute kleinste (Baguette) Uhrwerk wird für eine Damenarmbanduhr hergestellt

1930
Tissot entwickelt die erste antimagnetische Armbanduhr

1932
Jager-LeCoultre bringt die *Reverso* heraus

Longines stellt den *Lindbergh Aviator* (von Charles Lindbergh entworfen) her

1933
Die erste Armbanduhr für Kinder wird von Ingersoll hergestellt (mit Mickey Mouse)

Longines liefert die offiziellen Zeitmesser für den Grand Prix von Brasilien

1936
Omega wird zum offiziellen Zeitnehmer der Olympischen Spiele ernannt

1940-1949

Hamilton stattet die US-Streitkräfte mit Armbanduhren aus; Omega und Breitling beliefern während des Krieges die RAF

1945
Die Rolex *Datejust* ist die erste Armbanduhr mit einem Fenster für die Datumsanzeige auf dem Zifferblatt

1946
Audemars Piguet stellt die flachste Armbanduhr der Welt (1,64 mm) her

1947
Der Amerikaner Nathan George Horwitt entwirft die *Movado Museum Watch*

1950-1959

Poljot, die erste russische Armbanduhr, die später zur Sekonda wurde, wird produziert

Tissot entwickelt den Tissot-*Navigator* mit automatischem Aufzug und vollständigem Kalendarium

Der Rolex *Submariner* besteht den Dichtetest bei 300 Metern

1952
Breitling bringt den *Navitimer* heraus, einen Super-Chronographen für Piloten

1953
Lip's Batterie-Armbanduhr kommt heraus

1957
Hamilton stellt die erste elektrische Armbanduhr her

1960-1969

1960
Bulova bringt die *Accutron* heraus, eine elektronische Armbanduhr mit Stimmgabel von Max Hetzel

1966
Girard-Perregaux stellt die erste mechanische Schnellschwinger-Armbanduhr her (36.000 Unruh-Halbschwingungen pro Stunde)

Betal I: Erstes schweizer Quarz-Uhrwerk

1969
Girard-Perregaux entwickelt die erste Quarzuhr für den Massenmarkt

Die International Watch Company bringt die *Da Vinci*-Uhr heraus

Longines entwickelt das erste kybernetische Quarz-Kaliber

Zenith führt die *El Primero* wieder ein, den Chronographen schlechthin

Neil Armstrong trägt eine Omega *Speedmaster Professional* auf dem Mond

1970-1979

1972
Die erste Luxus-Uhr aus rostfreiem Edelstahl wird hergestellt (von Audemars Piguet)

1972
Longines bringt eine Armbanduhr mit LCD (Liquid Cristal Display = Flüssigkristallanzeige) heraus

1975
Raymond Weil stellt originelle, moderne und ultraflache Uhren her

1976
Die Maurice Lacroix-Marke kommt auf den Markt

1978
Die *Kallista* von Vacheron Constantin wird für 5.000.000 Dollar verkauft

1980-1989

1983
Die *Swatch* erscheint

Die Rolex *Seadweller* besteht den Dichtetest in einer Tiefe von 1220 Metern

Longines bringt die *Conquest*-Serie auf den Markt; die Uhren haben eine minimale Gangabweichung von 1 Minute in fünf Jahren

1985
Das Tag Heuer-Markenzeichen taucht erstmals auf

1986
Tissot bringt die *RockWatch* auf den Markt

1987
Tissot bringt den *TwoTimer* (eine Uhr mit analoger und digitaler Anzeige) heraus

REGISTER